JN116065

マドンナメイト文庫

私の性体験手記 回春愛

サンケイスポーツ文化報道部

目次

艶枕　神奈川県・無職・七十二歳・男性　7
フニクリ・クラ　神奈川県・秘書・六十四歳・女性　27
回春愛　秋田県・主婦・五十九歳・女性　47
頭ポンポンポンの日　大阪府・会社員・三十五歳・女性　67
SOSは無言で　兵庫県・主婦（元風俗嬢）・五十五歳・女性　87
とまり木での誘惑　大阪府・無職・七十九歳・男性　108
これからどうなるの　東京都・パート店員・四十六歳・女性　128
挟まれて、麩菓子　東京都・主婦文筆業・五十一歳・女性　149

ダビデ像と私　滋賀県・会社員・五十歳・女性　170
秘密の伝言A・S・A・P　長野県・会社員・三十八歳・女性　193
イトのない糸　埼玉県・アダルトライター・三十九歳・女性　211
母の男　神奈川県・会社員・二十八歳・女性　233

編集協力　松村由貴（株式会社大航海）

私の性体験手記

回春愛

サンスポ・性ノンフィクション大賞とは?

「性にまつわる生々しい体験をつづった未発表の手記」を対象として、二〇〇〇年にサンケイスポーツ主催で創設された。入選手記は、サンケイスポーツ紙上に掲載される。選考委員は睦月影郎、蒼井凜花、松村由貴、サンケイスポーツ文化報道部長。

艶枕

神奈川県・無職・七十二歳・男性

色ごとの道を歩きながらこう考えた。

欲を隠せば縁遠くなる。下心を見せれば嫌われる。礼儀を心得れば堅苦しい。同衾《どうきん》をかなえるのはなかなかだ。

夏目漱石《なつめそうせき》の『草枕』の有名な冒頭ふうに例えれば、わたしの七十年余の「ヤリたい人生」は、ざっとこんなものだった。

では、いまわのきわになにがしたいかと問われれば、女の尻が見たいと答えるだろう。わたしは、ほかの人よりフェロモン感知をする嗅覚系が強いようで、女の尻が男に快感を与えることを、小さいころから知っていた。

徳川家康《とくがわいえやす》の出生地に近い名古屋《なごや》出身のわたしは、江戸《えど》の文化に興味があり、コロナが流行する前の六十代最後の「歴史散歩の会」に参加した。

会には地方からの歴史好きな男女が三十人ほどが集い、その女とは浅草《あさくさ》での昼食休憩のときに出会った。三々五々のなか、女と席を隣り合わせた。椀《わん》形の乳房の弾力がブラウスの上からもはっきり見て取れた。

「リュック、見ててくださる」

食後、わたしを一瞥《いちべつ》して彼女が手洗いに席を立った。

そのうしろ姿をなにげなく見ていると、タイトなスカートにパンティーラインが浮き出ていた。見たところ、四十路《よそじ》あたりか。

歩きにくいスカートで尻を強調する彼女の装いは、明らかに異性を意識していた。年を重ねた肉体は女の欲望がむき出しになっていて、その身だしなみは情交を連想させる。

性交のオーガズムを知った女は発情を受容した男をとらえて放さないから、気位さえ損なわなければ同衾の機会を逃すことはない。

だから、女体の熱《いき》れや紅のぬられた唇から吐き出される息には、男を惑わすにおいがたっぷりと含まれている。

「ありがとうございます」

荷物番のねぎらいの言葉とともに目指す尻が、ご不浄から帰ってきた。

「浅草紙って知っていますか？」

江戸時代のちり紙である。用を足してきたばかりの女に振るのに最適な話題だったし、彼女の深層にある性欲を露呈させる思惑《おもわく》もあった。

わたしの問いかけに、彼女はぽかんとした。

「江戸時代にお尻の穴を拭いた紙ですよ」

歴史散策の途中だとしても唐突に違いなかった。お尻の穴という単語に驚いたのか、びっくりしたように大きく開けた口を、彼女はあわてて塞いだ。

「そのお話、なんだか恥ずかしいわ」

いましがたの便所での自分の行為と相まって、尻の穴を見られたような気がしたのだろう。彼女がやや赤面したのを見逃さなかった。

「避妊のときに、湿らせて膣の奥に詰めこんだのが吉野紙《よしの》」

下ネタにしないために、先人が記した史実であることを言いそえると、彼女は自尊

心が保てたのか、

「妊娠を避ける性交もしていたのね」

「江戸時代の庶民の性生活はね……」

一拍置いて彼女の様子をうかがうと、冷静を装ってはいるものの、その先を期待するドキドキ感が伝わってきた。

「当時は壁一枚の長屋で性行為はつつぬけ。互いに影響されて盛んだったようです」

そんなウンチクを話し終えたあたりで集合時間になった。

そこで席を立ったが、そのあとの散策の間でも、彼女は潤んだまなざしでわたしのそばを離れようとはしなかった。

私的な会話の中で、彼女が同年齢であることに心底驚いた。気品を備えたすてきな雰囲気から、自分より確実に二十歳以上は若い、と見誤っていたからだ。

これが昨今耳にするサプリメントの効果なのかと、若さの秘訣《ひけつ》を聞いてみたのだが、なにも使っていないという。

驚きはそれだけではなかった。

「まあ、ちゃんでしょ？」

会の解散時に、わたしの幼いころの呼び名が彼女の口から飛び出たのだ。頭の中で時間が遡行し、五歳児の意識のあたりで彼女の面影を見つけた。

名古屋の生家で隣の家に住んでいたふみちゃんだった。

毎日のように「おべんちょごっこ」をしていた同じ年の幼なじみだ。おべんちょとは名古屋弁で女性器のことで、この地域ではお医者さんごっこを、おべんちょごっこと言いまわしていた。

ふみちゃんを前にして、納戸での秘めごとがつい昨日のことのように思い浮かんだ。今回のドラマチックなめぐり合いは阿吽《あうん》の呼吸となり、なつかしさがふたりをごく自然に閨房《けいぼう》へと導いた。会が解散したその足で、シティホテルに直行した。部屋へ入るなり、

「あのときみたいに、ふみちゃんのおべんちょやお尻の穴が見たいな」

六十三年ぶりのおべんちょごっこは、たんなる「ごっこ」にとどまらなかった。

ふみちゃんのおべんちょやお尻の穴を、いじったりにおいを嗅いだりしているうちに勃起してしまい、しちゃったのだ。

ふみちゃんも同じだった。

わたしのち×ぽを触ったり、においを嗅いだりしているうちに、膣を濡らしてあと戻りできなくなってしまったようだった。

亀頭の裂け目から精液がほとばしる快感もさることながら、ふみちゃんもいっしょにオーガズムに達する悩ましい声をあげたのがうれしかった。

「あたしたち、毎日のようにおべんちょごっこしていたわね」

情事のあとも、裸のままベッドの中でしっかりと寄りそっていた。

「はじめは、ままごと遊びだったんだよね」

ふたりとも童心に帰っていた。

「そうだったわね。それがどうして、おべんちょごっこになったのかしら?」

「きみが言い出したんだよ。おなかが痛くなったから、まあちゃんがお医者さんになってって」

「そうだったかしら。おなかが痛くなったら、遊んでないで家に帰るでしょ」

「ふみちゃんがおなかが痛くなったというのは、おべんちょごっこをしたい、というときの合図なんだよね。ぼくにおなかを見せるために、痛くなったふりをしたんだよね」

わたしの思い出は鮮明だった。ふみちゃんはませていたのだ。そして、ごっごのそもそもへと話題は移っていった。

「あのころ、ふみちゃんさ、おとうさんとおかあさんが、夜中になにかしていたのを見たことがあるでしょ」

素っ裸の両親がからみ合っている姿は、夢うつつであったとしても衝撃だったに違いない。

裸になる行為が診察に結びつき、母親の胸やお尻を触る父親の姿に、ふみちゃんには、おとうさんがお医者さんでおかあさんが患者さんというふうに映ったのかもしれない。

そして、診察を受ける母親の喜びの表情を目にして、その行為には快感がともなうことを知ったのであろう。性の目覚めである。

「何度か見たわ。いま思えば、性行為だったのよね」

わたしも両親の性行為を何度か見たことがある。

わたしもませていたのだ。

だから、ままごと遊びがおべんちょごっこに移行していくのは、とうぜんの成りゆきだったのかもしれない。

はじめは、ふみちゃんの服をまくっておなかを触っていただけだったのが、いつしか、スカートやパンティーを下ろして、おべんちょや、お尻の穴のにおいを嗅ぐまでの行為にと激化していった。

主導はいつもふみちゃんだった。

「ぼく、やらされていたんだよね」

「そうだったかもしれないわね。まあちゃん、はじめはいやがっていたものね」

ふみちゃんの言うとおりだった。

ふみちゃんがままごと遊びに飽きると、いよいよだった。

「ねえ、納戸に行こうよ」

なんとなくだったけれど、他人に見られてはいけないことをしているのだということは、お互いにわかっていたから、納戸に隠れてするようになっていた。

「お尻が見たいんでしょ」

うつぶせに寝たふみちゃんのこの言葉で、おべんちょごっこははじまるのだった。

ふみちゃんが指摘したように、最初のころ、わたしはいやいややっていたのだ。

罪悪感があったからだ。誰かに見られたら叱られる、そんな思いが頭にあった。わたしは気が小さかったのだ。

それがいつしか、ふみちゃんのパンティーを脱がす快感に目覚め、尻を見る快感に目覚め、尻のわれめを開いて肛門を見る快感に目覚め、ついには肛門のにおいを嗅ぐ快感に目覚めてしまったのだ。

ふみちゃんの肛門粘膜の感触は臭かったけれど、とてつもなく甘美だった。

ふみちゃんのお尻の穴のにおいが嗅ぎたい。寝ても覚めても、そんなことばかり考えるようになっていた。

「いつごろからかしら、おべんちょごっこしましょは、まあちゃんのほうから言い出すようになっていたわよね」

「ままごと遊びは、なしでね」

「おべんちょごっこばっかり」

挿入射精を知らないごっこだったけれど、ふみちゃんの尻の穴のにおいを嗅いだだけで、わたしの包茎だったペニスは痛いほど突っぱって勃起していた。

「覚えているかしら。まあちゃんたら、あたしがズボン姿だとスカートに替えてきてって言ったのよ」

「ズボンだと脱がしにくかったし、スカートなら、まくればお尻を包んだパンティーが見えるからね。いまは、お尻のわれめがくいこんだジーパン姿もいいと思うよ。でも一番のお気に入りはね、パンティーとパンティーストッキングの組み合わせかな。お尻のわれめにパンティーがくいこんでいて、その上からパンティーストッキングで締めつけるでしょ。おま×こも尻の穴も蒸れていて臭そうで、ぼくの趣向にぴったりなんだ。今日のふみちゃんのいでたちがまさにそれだったよね」

思い出に浸りながら、女の人の入浴前のお尻の穴のにおいに勃起するわたしの性癖は、やはり、ふみちゃんとのおべんちょごっこに起因していたのだと改めて確信した。

「ぼく、ふみちゃんのお尻の穴のにおいを嗅いで興奮してたでしょ。いまでも同じなんだ」

「女の人のお尻の穴のにおいを嗅いで勃起するのね」

「これって、野生に起こる異性の排泄物《はいせつぶつ》のにおいに反応するフレーメン現象に似ていない？」

「フレーメン現象？」

「ぼく、野獣なのかもね。この年で精力絶倫なんだよ」

「そうよね。すごかったもの。はじめてよ、あんな気持ちのいいオーガズムを味わったの」

夫との性行為では得られなかった快感だとも、ふみちゃんは言った。

「あたしも、まあちゃんとのおべんちょごっこのことは忘れてないわ」

改めて恥ずかしくなったのか、わたしの二の腕に乳房を押しつけるように密着していたふみちゃんが、背中を見せてアッパーシーツで顔を隠した。

「どうして、お尻を見てほしかったの？」

「やだあ、お尻が見たいって言い出したのは、まあちゃんよ」

おなかを見てとは言ったけれど、お尻を見てとは言ってはいないと、ふみちゃんは主張した。言われてみれば、ふみちゃんの言い分は正しかった。

ふみちゃんのおなかに触れているうちに、わたしは女体に触れる快感を手放せなくなっていたのだ。

女体を知りたいというわたしの好奇心は性欲へと変容し、お尻、陰唇というふうに核心に迫っていったのだ。

「恥ずかしかったわよ。お尻の穴を見られて、においまで嗅がれて」

「でも、いやがってなかったよ。お尻の穴のにおいを嗅ぐのが日常化していたもの」

「恥ずかしいのが気持ちよかったの」

わたしにお尻の穴のにおいを嗅がれているうちに、ふみちゃんも羞恥の快感に目覚めていった。

「臭くても平気だったの？」

洗浄便座などない時代である。ちり紙で拭いただけのお尻の穴がにおっていないはずはない。

「どこが？」

その部分を、ふみちゃんの口から言わせたかった。

「あたしのお尻の穴よ」

アッパーシーツで顔を隠しているせいか、ふみちゃんは露骨だった。

「ふみちゃんの臭いお尻の穴、大好きだったよ」

ヒトにおいては退化しているとされているフェロモン受容の鋤鼻《じょび》器官が、わたしの場合は断絶することなく機能しているような気がしていた。

そうでなければ、常人が顔を背けるであろう、入浴前の女の尻の穴のにおいに勃起する、わたしの性愛の説明がつかない。その素質がふみちゃんによって開花したことになる。

「ぼくがまあちゃんだって、いつ気がついたの？」

「隣どうしになった江戸散策の会の昼食休憩で、浅草紙の説明をはじめて、江戸時代にお尻の穴を拭いた紙だって言ったでしょ。あのときよ。あ、って叫びそうになったわ」

お尻の穴の言葉が糸口になって、おべんちょごっこをすぐ思い出したらしい。

そして、わたしの顔をよくよく見たとき、なつかしい幼なじみの面影を見つけたのだという。

「あたしたち、縁があったのね」

「初体験の相手だからね」

性交こそしなかったけれど、互いの性器に触れ合った仲なのだから、性行為の初体験には違いなかった。

「まあちゃん、結婚してるよね？」

アッパーシーツから顔を出したふみちゃんが、わたしの顔をのぞきこんで言った。

「してるよ」

「奥さんのお尻の穴のにおいも嗅いだりしてる？」

他人の閨房に踏みこんでくる大胆な質問だった。

「してるよ。においを嗅ぐだけじゃないさ。お尻の穴に舌を突っこんだりもしてる」

淫らなピロトークは得意だった。言葉だけで膣を濡らした女もいた。

「におってるお尻の穴をベロベロ舐《な》めるのは、ぼくの性行為のルーチンさ。さっき、ふみちゃんとヤッたときも、お尻の穴に舌を使ったよ」

「夢中だったから、よくわからなかったわ。クリトリスを舐められたのは覚えてるわよ。気持ちよくてイッちゃったもの」

男が上になってオーラルセックスをするとき、陰唇に舌を使う男の鼻先に女の肛門が触れる悩ましい格好になる。

そのため、男の舌は会陰をはさんで膣と肛門を行ったり来たりしているのだ。

もっとも、わたしのように女の尻の穴まで舐めることのできる男は少数派かもしれない。

「まあちゃんて、真性の助平だよね」

「真性の助平ね」

と言われたわたしは、

「ふみちゃんだって」

の言葉はのみこんで、

「好色のゆえんはふみちゃんの影響だと、ずっと思っていたよ。おべんちょごっこで、女の尻に魅了されてしまった」

と、胸のうちを明かした。

「ふみちゃんも結婚してるよね？」

「はい」

「ご主人も助平？」

「淡泊よ」

「淡泊？」

他人の性行為の度合を知るいい機会だった。

ふみちゃんが、ふたたびアッパーシーツで顔を隠した。そのあとすぐに、シーツ越しにふみちゃんの含み笑いが伝わってきた。

「主人にお尻の穴を舐められたことなんてなかったと思う。それにここ十数年、夜の営みはないの」

年齢を感じさせない若さを保っているふみちゃんを抱かないなんて……。

「もったいない。あんなに濡れるのに、ふみちゃんのおべんちょ」

「濡れたのは、まあちゃんが上手だからよ」

アッパーシーツから半分だけ顔を出したふみちゃんが、感慨深げに言葉を続けた。

「この年齢でしょ。男女の秘めごとはもうないのねと思っていたわ。そんな淡々とした日々に欲求不満とは言わないまでも、なにかもの足りなさを感じていたのね。歴史散策やらに出かけてきたのも、いつもの道を通らない刺激を求めた道草みたいなもの……」

沈黙のあと、ふみちゃんはアッパーシーツをはねのけると、わたしに馬乗りに覆いかぶさってきた。

そして、わたしの鼻先に人さし指を押しつけると、

「その道草で、貴様に出会ったってわけ」

と、妖艶な笑みを浮かべた。

「貴様？」

ああ、このメリハリ。おてんば娘の昔のままだ。

れんげの花で編んだ首飾りをよくしていたっけなあ……。

遠い過去に瞬時思いを寄せたわたしの耳に、ふみちゃんの声が重なった。

「昔みたいにおべんちょごっこしないかって、冗談めかして誘われたとき、うれしかったわ。断る理由なんてなかった。お尻を振ってついてきちゃった」

間近に見るふみちゃんの唇のしわが茶系の口紅のせいか、お尻好きのわたしには肛門じわに見えてならなかった。

「うつぶせにされて、スカートを脱がされて、パンティーストッキングとパンティーの腰ゴムにまあちゃんの手がかかったとき、心臓バクバクだったわ」

ふみちゃんの熱気や吐き出される息に、わたしは膣のにおいを嗅ぎ取っていた。

男を惑わすその濃厚なにおいは、ふみちゃんが発情している証《あかし》のように思えた。

「パンティーを脱がされて、お尻のわれめをひろげられて、肛門がむき出しになったとき、あのときみたいににおいを嗅がれるんだなって思ったら、歯がガチガチと音がするほど震えてしびれていたのよ」

この美しく年を重ねたうりざね顔を放っておくなんて……。

わたしが夫なら、毎晩でもかわいがってやるのに。

「あたしのお尻の穴に、まあちゃんの鼻が密着したとき不安だったわ。だって、一日中歩きまわったし、お便所にだって何度も行っているのよ。でも、まあちゃんは、あたしのお尻の穴はいいにおいがするって言ってくれた。うれしかったわ」

女の肛門には性的関心を誘引する雰囲気が漂っている。

茶色のすぼまりやその周辺に、口の中が酸っぱくなるような酢臭というか、発酵臭……女の尻の穴はフェロモンの吹き出し口だ。

それでも、入浴前の女の尻の穴のにおいを嗅げる男は少数派に違いない。

そのにおっている肛門に、たじろぐことなく舌を突っこめる男は、さらに少数派に違いない。

女の肛門からは性フェロモンが放出されているのだと言っても、そこに踏みこんだ者にしか理解できないと思うから信憑《しんぴょう》性に欠ける。

幸か不幸か、わたしは遠い昔のおべんちょごっこで、におっているふみちゃんのお尻の穴を嗅ぐことで、それを知ってしまったのだ。

「お尻の穴を嗅がれて、もうあと戻りできなくなっていたわ。まあちゃんだって勃起していたんでしょ。だから、入れてって、四つんばいになってお尻を突き出したの」

ついいましがたの同衾を振り返りながら、わたしに顔を近づけてくるふみちゃんの目は、もう一度を要求していた。

「お尻の穴をさらして挿入されたとき、羞恥で鳥肌が立ったわ。まあちゃんのち×ぽ、あたしの膣が迎え入れたことのない深くまで侵入してきたのよ。子宮口をグリグリされて気が遠くなったわ。イクって言うでしょ。本当に他界にイッてしまうような衝撃だったのよ」

ふみちゃんの目が妖しく光った。

もう一度は、わたしも同じだった。ふみちゃんのお尻の穴が無性に見たくなっていた。

「好きや、好きや、好きや。ぎょうさんかわいがったるで」

『好色一代男』の世之介《よのすけ》の言葉ではないけれど、

「好きや、好きや、好きや。お尻の穴までかわいがったるで」

そんな心境をうちに秘め、おしゃべりなふみちゃんの口を、わたしの唇で塞いだ。

互いの頬や首すじがベトベトになるほどキスや唾液の交換を続けた。

「ぼくたち、不倫になるのかな？」

ふみちゃんのお尻の穴に顔を近づけたとき、つぶやくと、

「あたしたちのは、性行為なんかじゃないの。おべんちょごっこでしょ」

ふたたび、おてんばが顔をのぞかせた。

「ふみちゃんとおべんちょごっこするの、六十三年ぶりだよね」

不貞には違いなかった。けれども、配偶者を裏切っている意識はなかった。

おべんちょごっこという、他愛のない遊びをなつかしんでいるだけなのだ。

フニクリ・クラ

神奈川県・秘書・六十四歳・女性

あの日、初夏の日差しがまぶしい週末の午後、かつて住んでいた町を散策しようと思い立ち、東京大田区《おおたく》の北千束《きたせんぞく》から洗足池《せんぞくいけ》へ向かう大通りから、一本奥まった坂道をまっすぐに歩いていた。

「あ、すみません」

すれ違った男が声をかけてきた。振り向くと、同じような年ごろで、白いポロシャツにベージュのチノパンツといういでたちの男が、自分に向かって戻ってきた。

「人違いだったらごめんなさい。広美《ひろみ》さんじゃないですか。広美だよね」

「え？」

瞬時に、脳内の記憶をつかさどる部分が反応した。

「もしかして、壮《そう》くん？　桜田壮真《さくらだそうま》なの？」

「そうだよ、まさかの再会だね」

小学校の途中で、この町を引っ越してから、四十年ぶりに幼なじみと出会うなんて、そして名前を覚えていたことに驚いた。

「六年生くらいまで文通していたよね。面影があるから、声かけた。時間あるなら、お茶でもしようよ。僕は本屋に行くところだったんだ」

「私は、この町が懐かしくって、ぶらぶら散歩していただけだから大丈夫よ」

壮真が気に入っているという、北欧風の喫茶店に寄ることにした。テーブルに置かれた小さいカードに、フィーカとはスウェーデンのコーヒーブレークの意味だと説明がある。

ふうん、フィーカってはじめて聞いた。喫茶店の名前は覚えていないけれど、そのカードが印象に残っている。

ふたりともアイスティーとチーズケーキを注文した。

「それにしても、四十八歳でまた会えるなんて思わなかったよ。何十年ぶりだ？　広美は奥様なんだよね？」

「まあ、そうだけど」

壮真はバツイチだという。障りない近況話でしばし互いの距離感を縮めた。

「チーズケーキ食べるとさ、広美を思い出したりしたこともあるんだ」

「え？　なんで？」

「こんなこと言っていいかなあ。あのころ、お医者さんごっこをしたよね。セックスだのなんだの知らない無垢《むく》なころにさ。チーズケーキの匂いが広美を思い出させる」

「やだあ。お医者さんごっこね、忘れていたわ。それにあんな子供がチーズケーキの匂いするわけないじゃない。もっと大人になってからしたときの匂いじゃないの」

幼なじみというのはいいものだ。恥ずかしい気持ちがさらさらない。

そういえば壮真の家で留守番をしているときに、お医者さんごっこして、どこが痛いですか。ポンポンですと言って性器の見せ合いをしたり、空き地に家の絵を書いて、おトイレだって言って、男子たちに混じって順番におしっこしたのだった。

こんな話、誰にもしたことがない。

「あはは、そうかな。ちょっと照れちゃうな。僕はいま実家に住んでいるから、寄っていきなよ」

大学生の息子はオーストラリアに留学中。私のほうも時間はたっぷりある。離婚していることをまだ壮真には伝えていない。

「懐かしいわね、あなたのお家。ご両親は?」

父親は他界し、八十歳になる母親は、老人ホームに移っているという。

喫茶店を出て、壮真の家へ向かう道すがら、どちらからともなく手をつないだ。幼稚園に行くとき、小学校の遠足、いつも壮真といっしょだった。

桜田壮真と笹倉《ささくら》広美は出席番号が続いているし、整列するときは、ふたりとも背が低かったから、前へならえのときも一番目、二番目で並んだものだった。

「あら、きれいなバラね。おばさま、バラを育てていたのよね」

玄関先に華やかに咲く満開のバラが、私を歓迎してくれていると好意的に解釈をしつつ、壮真が開けたドアから室内へ上がった。

「気楽に暮らしているから、くつろいでね。離婚して、母さんが施設に入ったから、この家に戻ってきているんだ」

壮真の部屋は、高校時代に好きだったというKISSのポスターが貼られていた。

「マサラチャイに最近はまっているんだ。広美も好き?」

「好きよ。自分でブレンドしたの？」

「そうだよ。クローブ、シナモン、カルダモンとショウガでね」

マサラチャイは恋のお茶、催淫作用もあるスパイスを使うって知っているのかしら。

「壮くん、マサラチャイって強壮作用あるんだってよ。それに淫らな気分にもなるらしいから、気をつけなきゃねえ」

マサラチャイは、ちょうどいい濃さで香りもいい。

「すごくおいしい。上手ね」

「ま、好きなものは上手にできるさ。ところで、広美、旦那さんとはうまくいっているの？」

「まあね」

このころは、離婚したことをすぐに言わないようにしている。

「そっか。四十年ぶりに会えたのはすごい偶然だね。せっかくの再会だから、僕たちだけの遊びしようか。お医者さんごっこしてみる？　僕はマッサージだって得意だよ。広美のぜんぶ、見てほぐしてあげる」

「本気？」

「大人になったというか、もう中年も通り越した。なんだか広美がどんなふうになったのか確かめたくなったんだ」

「もう恥ずかしがる年齢じゃないものね。自分のホルモンバランス整えるために、いいかも」

「旦那には言えないけど、したいことってあるんじゃない？　そういうことも大胆に言ってみると自分の心が軽くなるよ」

「……じゃあ、勇気を出して言っちゃうね。おしっこをさせてもらいたいの。小さいときにしてもらったよね。親に、しーっとっとって言ってもらいながら。三歳くらいの記憶かなあ」

「いいね。リクエストをかなえよう。いまの僕なら抱っこできるよ。背だって伸びたし、中年太りなりに力だってあるさ。抱きあげて落とすと大変だから、風呂場でしよう」

壮真の見ている前でラベンダー色のブラをはずして、同じ色のショーツ以外のものを脱いだ。壮真もトランクスを穿《は》いたまま、風呂場に向かう。ここの家は二階に風呂場があるのだ。

「おっぱい、こんなに大きくなったんだね。乳首もくわえやすそう」

鏡の前でうしろから乳房をそっと持ちあげられる。

「さあ、しーっとっとをしてみよう」

壮真が私のショーツを半分下げて、うしろから抱きあげ、両手で太ももを上方向に持ちあげた。

「もう毛も生えているんだね」

「やだあ、毛が生えているなんて言われたら緊張しちゃう」

ごめんごめん、と謝りの言葉を聞きながら、目を閉じて力を抜いてみる。

「しーとっと。たくさん出していいんだよ」

「壮くんの足にかかちゃうよ」

「平気だよ。リラックスして。しーとっと。鏡に映っている姿がかわいいよ」

んんと息を吐くと、じょじょじょと風呂場の床に音が鳴る。次第に勢いを増して、透明な黄色みを帯びた小水が弧を描いた。

「ああ、あったかいおしっこが僕の膝にかかってる。広美のおしっこ」

「やん、そんなこと」

ようやく、ぽたぽたと止まった。足を床につけると、壮真が風呂場のタオルを取って膝まずいて、ちょんちょんとお股を拭いて、片足ずつショーツを脱がした。

「どうだった？」

「うっとりした。心もあったかくなったあ」

壮真もトランクスを脱ぎ、シャワーを出して、ふたりで向き合う。

「わあ、壮真の大きくなってる」

「僕のなにが？　ちゃんと言って」

「壮真のち×ちんよ。昔はとんがらしみたいにひょろひょろでちっちゃかったよね。それがこんなたけだけしくなるなんて」

アハハ、とんがらしだって、と声を出して吹き出している。

「さ、軽く流そう。どうやっていつもここを洗うの？」

「シャワーを当ててね、指でそっと開いてやさしく洗うわ。力を入れると痛いのよ、いくつになっても。あなたは元奥さんのそこを洗ってあげたりした？」

「彼女は、そういうことは好きじゃなかった。シャワーもいっしょにはしなかったんだ」

「つまんないね。結婚したふたりだからできるってもんじゃないものね。セックスにかかわることって、結婚する前になんでも試すほうがよかったよね」

「そのとおりだよ」

互いの背中を流し合い、バスタオルを巻いて寝室に戻った。

「さてと、ベッドにごろんと寝てごらん。これから至福のマッサージタイム。広美はなにもしなくていいんだよ。僕に体を委ねてね」

壮真はTシャツとトランクスを身につけて、クロゼットの引き出しからアロマオイルを取り出した。

「リラックスできるし、催淫の働きがあるんだ。広美をうっとりさせてやりたい。あのさ、僕たちは恋人じゃないから唇にキスはしないよ。たとえ僕が欲情しても、挿入はしないから。だけど、唇以外には口づけさせてね」

そう言って壮真は、乳首を口に含んだ。

両乳首を舌でもてあそんだあと、マッサージ用オイルを手のひらで温めて、乳房に伸ばす。両乳房にあてがわれた手がゆっくりと、触るか触らないかの瀬戸際のやわらかさでなでつけてくる。

乳房の上に置いた五本の指は二本になって乳輪をくすぐり、一本の指が乳首の先に移ると、弾《はじ》くように戯れる。

「んん、気持ちがいい。オイルの香りもすごくいい。胸を触られるのは、好きじゃなかったのに、こんなにやさしく触られると、じんじんとうずくみたいな感じ。はじめて知ったわ」

首を傾けて壮真は、耳たぶにそっと息を吹きかけて舌で濡らす。

「ああん、耳たぶ、気持ちいい」

「広美、両手を上にしてごらん。腋《わき》の下も見せて。気持ちも解放されるから」

恥ずかしい気持ちが、快感を呼ぶ。手のひらにさらにオイルをなじませて、下腹部へと下がっていく。

「記憶の中でまっ白だったおま×こは、どんな色に変わったかな。パンツ脱いで、見せっこしたんだから、恥ずかしくないよ」

「やだあ」

壮真は両手を重ねて、私の茂みの上に置いた。

「動かないようにしてごらん、手の感覚をじっくりと感じるんだ」

陰毛から離れた手は、太ももの内側からほぐしていく。手のひらはふくらはぎから足首へと下がり、足の甲をなでまわす。

「あっ」

壮真がベッドの端に移り、足の指を口に含んだのだ。一週間前、サーモンピンク系のペディキュアをしたばかりだ。

「どう。足の指、気持ちいいでしょ」

「なんか、じゅわってしてきた」

「そうだろうね。さっき太もも付近はべちゃべちゃになっていたよ、オイルがいらないくらいにさ」

ちゅぱちゅぱ足の指をなめ終わると、ベッドの上に壮真も乗っかった。そして、膝を両側にひろげたのだ。

「広美、広美のおま×こ、よく見せて。膝を立ててるよ」

幼くて小さかったピンク色の突起が、いまは赤黒い襞《ひだ》の中でひっそりと、しかし存在感をのぞかせていた。

「広美のおま×こ、なんてきれいなんだ。色っぽすぎる。ああ、もう、こんなに濡れちゃって、おつゆがあふれている」

指でつゆをぬぐって、てかり具合を見せる。

「言ってごらん、広美のおま×このおつゆって」

「やだあ、言えない」

「気持ちよくなりたいでしょ、もっと貪欲になろうよ。言ってごらん、僕のあとについて」

「ひ、ろ、み、の、お、ま、×、こ、の、お、つ、ゆ」

なんて淫らな響きだろう。

恥ずかしさが快感となって、さらに愛液をたらしていく。

「おま×こ、マッサージするよ」

「ほぐしてちょうだい、あたしのおま×こ」

中指と薬指で小陰唇と大陰唇のきわを、バイブレーションのように小刻みにかき出すように上下させる。そうして、襞の間をわずかにひろげては閉じる。

「壮くん、上手。もっと濡れちゃう」

「いいよ、もっと濡らして。濡れた広美のおま×こがかわいい」

ひろげた襞に壮真の唇がはう。下から上へ、下から上へ決して舌に力を入れてはいけない。軟体動物のようにふにゃふにゃとした舌で、おま×こをなぞる。

私は手を下げて、シーツの端をつかんでいる。

「指を、指を入れてちょうだい」

「どこに？　言わなきゃ入れられないよ」

「おま×こよ、おま×こによ」

人さし指と中指を入れると、腰の動きが激しくなってきた。

「ああ、イッちゃいそう、イッちゃいそう」

「イキな、イキなよ。いいよ、広美のおま×こイカせてあげて」

「ああ」

体をよじるようにして呼吸を荒らげた。

「最高によかった。壮くんのおち×ちん、見せてちょうだい」

トランクスいっぱいに角度をもったペニス。トランクスを脱いで、目の前に突き出す。

「大きい。まっすぐなんだね、壮くんのおち×ちん」

体を起こして陰茎にほおずりをする。

「壮くんが今度は寝て」

横になると馬乗りになって、顔を近づける。

「あんまりしたことがないんだよね、わたし。でも、壮くんのおち×ちんなめたい」

ペニスをぱこっと口に含んだ。体の向きを変えて、壮真の顔の上を濡れまくった熱い女性器が上下する。

「広美、気持ちがいいよ。あんまり動くと、出ちゃうよ」

「壮くん、出していいのよ。私たち、幼なじみなんだから。おしっこ、見せ合ったんだから」

「ああ、出そうだ」

白い液体が私の手のひらに勢いよく放出された。

「なんか、やっぱりいとしいよね、子供のころを知っているって」

「そうだな」

手のひらをタオルで拭きとった。ふたりともベッドに横になって余韻を味わう。

「広美のここは、もう満足したの？」

尋ねながら、秘丘をゆっくりと触る。

男と違って女の体は、終わったあともフォローが肝腎だと知っているのか。

「何度でもイッていいんだよ。広美の旦那さんは、どういうセックスするのかな。うらやましいなあ」

指で陰毛を人さし指と中指でやさしくなでながら、薬指を濡れた泉にそっと出し入れする壮真。

「ん、あのね、離婚した。なかなか言えなくて」

「え、そうなの？　申し訳ないことを聞いてしまったかな」

「ううん、聞いてくれるほうがうれしい」

「じゃあ、セックスはどうしていたの、そのあと」

「もう、ずいぶんしてない。あそこの穴も閉じちゃったかと思っていた。ホルモンバランス、悪いと思う」

「もったいないなあ。もっと早く会えていたらと思うよ」

と言いながら、起きあがった壮真は、太ももを静かになでる。

「おしっこさせてもらえるのって、大事なことだったの？」

「ずっとそう思っていた。でも言えないし、なにしてほしいって聞かれないもの」

「僕もはじめてだ、おしっこさせるのって。子供いないしさ。お父さんにしてもらった記憶？」

「そんな記憶はないわ。だって、うちって普通じゃなかった」

壮真は左側に横向きになって、右手を太ももから乳房へと移動させた。

「幼いころから広美と遊んだけれど、家庭の事情なんてちっとも知らなかった。いつだって、笑顔で外を駆けまわったり、たまに広美のつき合いで花摘みをしたり。無邪気な中に、抱えていたものがあったたなんて」

と、申し訳なさそうに言う。

「家のこと、子供すぎて気づかなかった。広美はいつも僕の家に来て、お母さんが仕事から帰ってくるまで待っていたりしたよね」

「壮真のお父さんはやさしいから、楽しかった。よく歌も歌ってくれたりした」

「はは、そうだったね。フニクリ・フニクラだったたっけ？」

肌かけでくるみながら、乳房の上に手をあてがった。

「私に足りないのは、そういうお父さんとのいい思い出や安心感だったたっていうこと、ようやくわかったのよ。だからかな、あんなことしてもらいたいって思うのは」

心も体も解放できるなら協力は惜しまないと、壮真が微笑《ほほえ》みながら言う。

「また、いつだって広美が安心できるなら、抱きあげておしっこさせたい。女王様みたいに、私のおしっこするところをちゃんと見なさい、って言っていいんだよ」

「そうね、そのくらいにならないとね」

ははは、と壮真が笑う。

「あのさ、フニクリ・フニクラって、どんな内容の歌詞だったか覚えてる？」

「そりゃ覚えてるよ。わが家の定番曲だからね。あれって、イタリアのＣＭソングで、赤く燃えるヴェスヴィオ火山に行こう、登ろう、釜の中をのぞこうっていう歌だよ。いま思うと、なにか淫らなイメージだね」

「ほんとだ。熱く赤くたぎった釜の中のクリトリスを目指す、フニャち×ちんみたい、のぞいたらクラクラ。なんてこじつけちゃったり」

また、ふたりで吹き出した。

「そろそろまた出るんじゃない？」

「うん、またしたくなっちゃった。感じちゃったあとはおしっこ出たくなるみたい。

今度はおトイレを貸してね」

「壮真は、したいことってあるの？」

「そうだねえ。いつだってノーマルなセックスしかしていないから、なんだろうなあ。広美のここ見ながら、写生したいな」

「え？　しゃせいするの？」

「写生って、絵を描くほうだよ。毛の生え具合とか、ドドメ色のびらびらとか、穴の色とか、光った真珠みたいなクリトリスとかをそのままを描きたいなあ。庭のバラの花をおへその上に置くんだ。おま×こ色に近いバラをさ」

「想像するだけで興奮してきた。美術部だったの？」

「いや、音楽。だから、おま×こだかなんだかわからない絵になるかもな」

「くくくっ、ははは……」

ふたりでおかしくて体をよじりながら笑い合った。

「描いてる途中で、広美のおつゆが出てきてドロドロになっちゃうんだ。だから、描きながらペロンとなめる」

「あん、そんないやらしいこと話されたら、潤ってきちゃったわ」

「どれどれ」

壮真が私を横向きにして、臀部《でんぶ》に自身を押しつける格好で股間に手を触れてきた。指でかきまわされると、ぬちゃぬちゃと音がする。

「ああん、気持ちよすぎ」

「広美、僕もだ。また出そうだよ。今日は入れないって約束したから、背中にかけるからね」

「いいわよ、出して」

「うっ、ううう……」

荒い息遣いも心地よい。

「また、しようね」

シャワーを浴びて帰る準備をする。

「途中で夜ごはんを食べて、家まで送ろう」

「駅まででいいわ。まだ早いから、今日は」

駅前のレストランでオムライスを食べて、昔話のおさらいをした。

「たかちゃんや、ハジメ君ってどうしているかな。私たちがいまごろ見せっこしたなんて知ったらびっくりするよね」

「きっと広美のホルモンバランスのためなら、彼らも協力したいって思うだろうな。ハジメは県外にいるけど、孝《たかし》は市内にいるよ。幼なじみ会を泊まりがけで計画しよ」

次のプランを考えるだけでいいホルモンが出てくるみたい。壮真との計画は私だけの楽しみ。またいつか、いつになるかわからないけれど、想像しただけで脳内ホルモンが分泌されてくる気がする。

駅のホームを登る階段も、行こう、登ろうとフニクリ・フニクラの歌詞みたい。秘密の遊びで体が軽く、ひょいひょい上がれるのだから。

安心できる幼なじみと偶然出会い、長年実現しなかったことができて、見られて触られたことが自信を持たせてくれた。

たかちゃん、ハジメ君、壮真の三人で起こることを想像すると気持ちも潤う。彼らの前にひろげるときを思い、フニクリ・クラと、小さくハミングして家路についた。

そのあと、三人との幼なじみ会は、まだ実現していない。

回春愛

秋田県・主婦・五十九歳・女性

趣味仲間で七十一歳になる隆《たかし》さんとの仲が、急速に接近したのは今年春のことでした。

隆さんとは、数年前に市主催のシニア向け絵画サークルの仲間として知り合い、楽しく交流していました。

しかしコロナ禍で開催中止になってしまい、以後は仲間内のグループLINEで連絡を取り合い、たまに数人でお茶を飲んだりして過ごしておりました。

そんな折に隆さんがコロナに罹患《りかん》したとの知らせが入り、みなで心配しておりましたが、思いきって隆さんに連絡したところ、衝撃の事実が発覚したのです。

実は寡夫で独り暮らしだった隆さんは、仲間のひとりである六十代のバツイチ女性とコロナ禍直前から同棲《どうせい》していました。先にコロナになったのは女性のほうで、それを看病していた隆さんが次にかかってしまい、なんとその女性は隆さんを見捨てて家出してしまったというのです。

前々から自己中だった、その女性の言動には違和感を覚えていました。ショーン・コネリーに風貌が似ていて、物腰やわらか、ほかの仲間の女性からも人気者だった隆さんが、なぜあの人と、と疑問に思っていましたから、そんなことになっていると聞いて、いっそう心配は募りました。

でもなにせコロナなので、シニア世代の仲間たちも迂闊《うかつ》に尋ねることができず、たまらずに私が数食分の食料を隆さんのお宅に運んでドアノブにかけ、メールでお知らせしたのです。

隆さんの画風とやさしい笑顔、紳士的なふるまいにひそかに憧れていた私は、このときはじめて自分の気持ちに気づいたのですが、単身赴任の夫がある身。

さらに近所に暮らす娘夫婦宅の育児手伝いと、年老いた夫の両親の面倒を気にかけながら過ごす日々ですから、ときおり食料を玄関に置き配して、メールで隆さんを励ますのが精いっぱいでした。

そのあと二週間ほどたって、ようやく回復した隆さんから「お礼になにかしたい」とお誘いを受けました。そこで、ちょうどそのころ盛りだったバラ園へのドライブを提案したのです。

病気後にはじめて会う隆さんはずいぶんと痩《や》せてしまっていて、でも穏やかな笑顔は以前と変わらず、思いのほかお元気だったのがなによりの救いでした。

「いやあ、今回は本当に麗《れい》さんに助けられた。病が病なんで誰にも頼れないし、犬を飼っているから入院もできなくてね。離れて暮らす娘に懇願して、やっと食料を送ってもらってたから、麗さんの差し入れは心底うれしかったです。あなたは命の恩人だ。本当にありがとう」

「そんな……おおげさですよ。私は料理を少し多めに作って、その分を運んだだけですから。それよりもお元気になって、本当によかった」

「うん、体力には昔から自信があったけど、さすがにコロナは手ごわかった。それでも俺は軽度の部類らしいよ。いや、参った」

「でも、後遺症もなくて本当によかった。丈夫なんですね」

「若いときは山奥に送電線を建てる工事の仕事してたから、体力だけが自慢で財産ですよ」

「あら、絵のほうもすごいじゃないですか。私、隆さんの静謐《せいひつ》な中に激しさを秘めた画風、好きですよ。まるでゴッホが息をひそめているようで」

「おお、身にあまる称賛をありがとう。麗さんの描く花や猫や、お孫さんの絵も心が温かくなってすてきですよ」

「まあ、私のは絵手紙くずれですが……」

他愛もない会話をしつつ、美しい花々を愛《め》でて、その日は楽しく過ごしました。そして、午後遅くに隆さん宅へ着き、最後にお茶でも、とお誘いを受けて、はじめてお邪魔したのです。

年月を感じる典型的な昭和建築のお宅では、かわいいトイプードルと居間に飾られた女性の肖像画に出迎えられました。

「これは十五年前に亡くなった妻です。仕事と趣味に明け暮れて、好き勝手に生きてきた俺を支えてくれた、俺の生涯の女神様だった人なんです。この絵をしあげた直後にがんで亡くなってしまって」

ルノワールの描く女性に似た、温かみのある絵。

「すてきです。絵に愛情が満ちあふれている……」

「うん、それなのに俺は妻の死後、寂しさに負けて変な女性とばかりつき合っちゃって」

聞けば、前の相手も含めて、奥様を喪《うし》ってからは女難つづき。なかには同棲中に隆さんの退職金のほとんどを投資詐欺につぎこんで結局逃げた女性もいたとか。

「情けない話だけど、そのショックで俺はEDになってしまってね。五年前からもうオスとしては引退状態なんです」

「え？ じゃあ、前の彼女さんとは？」

「あれは前の亭主から逃げて、行き場がないって言うから受け入れただけで……体の関係も迫られて、試したけどダメでした」

自嘲ぎみに笑うのでした。

「それでも頼られるとうれしくて、ついつい受け入れてしまったけど、あのとおりきつい人でね。しかも年金生活の俺じゃ頼りないからと、昔の不倫相手とヨリを戻して、俺が倒れたらそっちを頼って出ていったんですよ」

確かに彼女のその後は仲間内でもずいぶんと話題に上っていたのです。醜聞ほどひろまるのは速いものですので……。

「あ、なにか変な話ばかりで麗さんを困らせてしまったかな。ごめん、麗さんのやさしさについ甘えちゃって……でも、言ったとおり、俺はもうケダモノにはなれない体なので、安心してね」

隆さんが自虐的に笑いながら話すので、私は思わず言ってしまったのです。

「なってもいいのに」

隆さんは驚いた顔で私を見つめていましたが、感情が高ぶってしまった私は、さらに言葉を続けます。

「私、隆さんのことがずっと好きでした。でも隆さんには彼女がいたし、なにより私の立場では、好きになっても迷惑かけるだけだから、ずっと胸に秘めていたんです」

「麗さん……」

「あ、でも大丈夫ですよ。この気持ちを受け入れてくれ、なんて言いませんから。いままでのようにみんなと仲よく過ごせれば、それで幸せなんです。それよりも……私のこと、避けたりしないでくださいね」

そう告げると、

「避けるだなんて……受け入れます」

隆さんはそう言うのです。

「隆さん？」

私がビックリしていると、

「実をいうと、あなたと会ったときから好意を抱いていました。その、雰囲気や体型が亡き妻に似ていて……そう、ルーベンスの描く女神のような微笑みと、豊饒《ほうじょう》で美しい体に……」

思いがけぬ告白と、コンプレックスだった体型を褒められ、複雑な気持ちでいると、隆さんはスキンヘッドの頭まで真っ赤にしながら、なおも続けます。

「しかも今回のことであなたにはたいへん世話になったのだし、おおげさでなく命の恩人だ。感謝どころか、とても愛している。でも、あなたは人妻だ。だから、ずっと心のなかでだけ愛していこうと決心していたんです。だが、もし許されるなら……」

そう言って、隆さんは私を抱きしめました。私たちは唇を重ねて、互いの存在を慈しむように長い接吻《せっぷん》を交わしたのです。

「麗さん、抱いてもいいかな。たぶん、最後まではできないだろうけど……」

「うん、いいのよ。お願い」

そう確かめ合うと、ふたりしてソファに倒れこみ、キスを交わしながら互いの服を脱がせ合ったのです。

「麗さん……なんて素敵なんだ」

そう言いながら隆さんは私の胸に顔を埋《うず》め、赤ん坊のように乳首を吸い、舌を這《は》わせます。

「ああ……隆さん……」

久々の感触に陶酔していると、

「ああ、この豊かな肉の手触り……これこそが俺の求めていたものなんだよ」

うれしそうに隆さんが私の乳房を揉《も》み、お腹《なか》を何度もさすりながら頬ずりをしてきます。隆さんは鼻下からあごにかけてヒゲを短めに生えそろえているので、その感触がくすぐってくれて——。

「あん、いや」

と、身をよじると、さらにうれしそうにしながら私の体にキスの雨を降らせ、ついには下の繁みにまで唇を這わせてきたのです。

「あ……そこはダメです、汚いから……」

焦って身をよじりますが、隆さんは構わず私の脚を押しひろげると、いちばん恥ずかしい場所に顔を埋めて、何回も大きく息を吸いこむのでした。

「ああっ……やめて。お願い……ダメぇ」

と、私が懇願しても、隆さんはなおも匂いをかぎつづけ、さらには舌を這わせて、クリトリスから膣口を丹念に、ペロペロと舐《な》めはじめたのです。

「いや……そんな、洗ってないのに……」

「ぜんぜん汚くないよ。とてもいい匂いだ。それにすごくおいしい。ほうら……」

隆さんはやっと顔を離すと、キスをして舌を深々と入れてきました。

「ね？　あなたの味がするでしょう？」

「もう……いじわるね」

「ごめんね。でも麗さんかわいくて、つい」

「さんづけはやめて、麗って呼んで」

「わかったよ。麗……愛してる」

隆さんはふたたび私の股間に顔を移動させると、今度は指を挿入してきたのです。

「はうん……」

「すごく温かくて気持ちいいよ、麗」

膣の上の部分をまさぐると、やがて真ん中よりもやや入口に近いところを押すように刺激してきたのです。

「あっ……そこ……すごく感じちゃう……」

「やっぱりね。刺激したら、中がキュッと締まったもの。いま、もっと気持ちよくしてあげるからね」

隆さんは指を挿入したまま、今度はクリトリスをチュパチュパと吸い出しました。

「ああ……いやあ、ダメぇ、感じすぎちゃう」

思わずのけぞりますが、隆さんは愛撫《あいぶ》をやめません。次はクリトリスを舌でレロレロと舐め出したのです。

「はう……ああん、もうダメ、イッちゃう、イッちゃいますぅ」

指と舌の波状攻撃に、たまらず達してしまってグッタリしていると、隆さんは私を見つめてやさしくキスしてくれました。

「麗、すごくかわいかった、もう本当に幸せすぎる……愛してるよ」

そう言って、強く抱きしめるのでした。私もこの数年、完全なレス状態だったため、こんな刺激は久々でした。じわじわと体中の血が歓《よろこ》びで沸きたってくるのを実感していました。

やがて、少し体を離した隆さんは、

「麗、お願いがあるんだ。その、もしいやでなかったら……口でしてくれないか?」

私は体の向きを変えて、隆さんの分身を口に含みました。彼の言うとおり、分身はぐったりとうなだれていましたが、私のことを愛してくれたお礼にと、その全身を心をこめてやさしく舐め……ねぎらるように吸って、口腔《こうこう》内の肉全体で包みこむようにして、くちゅくちゅとしゃぶってかわいがってあげました。

すると徐々にですが、隆さんの分身が少しだけ、大きくなってきたのです。硬さはまだまだでしたが、確実に少しずつふくらんできて……それを隆さんも感じたのか、

「え?　うそ?」

私の口からはずし、分身をマジマジと見つめていましたが、

「信じられない……反応している……ここ何年もなにやってもダメだったのに……」

隆さんは満面の笑みで喜ぶのでした。そして、

「麗、ダメ元で入れさせて」

そう言って私の入口に押し当てるのですが、やはり硬さが足りず、挿入にはいたりません。すると、隆さんが叫びました。

「そうだ、匂いだ……匂いが足りない……麗、また嗅がせて」

そう言うやいなや、ふたたび私の股間に顔を埋めると、陰部全体からアヌスにいたるまで貪るように激しくベロンベロンと舐めました。

「ああん……隆さんってば……溶けちゃう」

私が狂おしく喘《あえ》いでいると、とつぜん腋《わき》の下を舐められたような感触に襲われたのです。

「ひっ？」

ビックリして顔を上げると、そこにはなんと隆さんの愛犬のトイプードルがいて、私の腋の下をうれしそうにペロペロと舐めていました。私が唖然《あぜん》としていると、今度は隆さんの頭をペロペロ舐めはじめたのです。

その光景があまりにおかしくて、私は笑いが止まらなくなってしまいました。

「あ、こら、キキ、やめなさい」

慌てて隆さんが犬を叱りますが、もうその場が白けてしまって……結局、ふたりで大笑いしてしまい、そのままお開きとなってしまいました。

そのあと、一週間ほどしてから、ふたたび隆さん宅を訪れました。犬をしっかりと隔離してから、抱き合いました。

「麗、この前はごめんね」

「私こそ、ごめんなさい。つい笑っちゃって」

またふたりで笑い合い、シャワーをいっしょに浴びました。その際にも隆さんは私の股間だけは洗う前に自分の舌で舐めて洗浄すると言いはるのです。

「ええ？ いやよ、そんなの、恥ずかしすぎるわ」

「ごめんね、でもこの前もだけど、麗のアソコはぜんぜん汚れてないし、むしろとてもいい匂いがしてた。それこそフェロモンの匂いなんだよ。それを嗅ぐと元気が出る。だから、お願いです。どうか……」

懇願するので、しかたなく浴槽の縁に腰かけ、両足を開きました。隆さんはさっそく顔を埋めて、茂みの匂いを吸いこみ、クリトリスから小陰唇にかけて念入りに吸いながら舐めました。膣口にも舌を挿し入れてチュルチュルと吸い、果てはアヌスのシワまでペロペロと舐めるのです。

「いやぁん……もう恥ずかしすぎますぅ」

「その恥じらう姿もすごくそそるよ。それにしてもいい眺めだ、舐めるたびにアソコがヒクついて、愛液がトロトロと流れ出てきて……色もきれいな桃色で、まさに桃源郷だよ」

隆さんはうれしそうに言いながら、最後はシャワーで丁寧に洗ってくれました。

互いの体を拭き合って、二階の寝室に上がります。ベッドの上で互いの体を狂おしく愛撫し合うのですが、その途中——。

「麗、見て。今日も、奇跡が起きたよ」

隆さんが私の手を股間に誘います。すると、前回よりもさらに大きさを増した分身がそこにありました。

「まあ……」

「これも麗のおかげだよ。愛してる」

そう言いながら、ついに私の中に入ってきました。

「ああ……中に、入ってる」

「そうだよ、麗。これでひとつになれたんだ」

隆さんの分身は特別大きいというわけではないのですが、亀頭の傘が張っていて、動くたびに私の中の敏感な部分を刺激します。とても気持ちいいのです。

「あう……うれしい……」

「君はすごいよ、こんな年寄の体をふたたび蘇《よみがえ》らせたんだから、新たな女神様だ」

隆さんは私の体の上で動きます。しかし、やはり硬さが足りないのか、私が感じてきて中が締まると、耐えきれずに抜けそうになるのです。

「麗、バックで入れさせて」

四つんばいになり、お尻を高く掲げると、すぐさま隆さんの分身が奥までグググッと入ってきたのです。

「あうん……ああっ……隆さん……」

「ああ、やっぱりこれだと麗の締まりのよさに負けずに動ける。麗、最高だよ。愛してる」

隆さんは私の両乳首をつまんでムニュムニュと弄んだり、アヌスの入口に指を押し当てて揉みながら、ときおり指先を挿入してきます。

「ああ、ダメよ。そんな……いやん、私もう……イッちゃう、イッちゃいますぅ」

叫びながら果ててしまい、肩で息をしていると、隆さんは私をギュッと抱きしめて、いとおしそうに頬ずりしてくれたのです。

「隆さん、すてきでした。でも、まだ隆さんはイッてないですよね」

「いいんだ。俺はもう年だから、精子もすでに作られてないはずさ。ましてや五年もEDで勃《た》たなかったんだし……」

聞けば、昔から射精よりも相手が歓ぶ姿を見ることが生きがいで、奥様はじめ歴代の恋人たちのこともそうやって愛してきたのだとか。つまり、女性に奉仕するのが彼の愛のかたち。

「だから、麗が俺の腕の中でイッてくれたことがとてもうれしい。ありがとう、麗」

そう言って、情熱的なキスを何度もくり返すのでした。

そのあと、私たちは週に一度ほど、隆さんのお宅で密《ひそ》かな逢瀬《おうせ》を続けています。たまにドライブなどで遠出もしますが、人目を避けるのと、やはりまだコロナが怖いので、家の中で合う回数が多くなるのです。

隆さんはとても熱烈に愛してはくれますが、私の立場やお互いの現在の状況を考慮して、このままの関係で継続することを承諾してくださいました。

つき合う前は渋くてダンディーなお方だと思っていましたが、男子高校生なみに無邪気にはしゃぐ、とてもかわいい一面のある人でした。

関係も毎回挿入が成立するわけではなく、でも必ず濃厚な愛撫と指技、舌技で私を満足させてくれますし、そのあとは抱き合いながらいろんな話をして過ごすのが、とても楽しい。

ただ、勃起維持のための努力をいろいろしています。隆さんは心臓疾患の多い家系なので、お薬は怖くて使えないのですが、シニア向け回春法をネット動画で見て知識を収集。食事に気をつけたり、腰を強化する動きを習慣づけたりとがんばっています。

そのおかげか挿入できる回数も徐々に増えてきて、この前は分身の根元をストッキングの切れ端で縛って硬さを維持するという裏技も使いました。

「麗、見て。こんなに硬くなった。でも鬱血してしまうから、短期決戦で……さあ、おいで」

そう言ってあおむけに寝ると、私を自身の上にまたがらせました。

「すごいわ、こんなになるなんて……」

垂直に屹立《きつりつ》している隆さんの分身を股間に当て、そろそろと埋めこんでいったのです。

「ああ……すごいわ。私、あなたに貫かれてる……」

ゆっくりと腰を上下に動かして、熱くたぎった分身の硬度を存分に味わいました。

「あふっ、あうっ、ああん……すごくいい……」

「いい表情だ。目に焼きつけて、あとで描かなくては。さあ、もっと気持ちよくしてあげるよ」

「ああっ……あん、死んじゃう。私、もう死んじゃいますぅ……ああんっ」

「ああ、麗、すてきだよ。俺の上でもっともっと乱れておくれ。ほら、ほら」

豊満な私のこの体が、何回も空中に放り出されそうな勢いで突きあげてきます。

「はう、もうダメ、イク」

絶叫しながら大きくのけぞり、果てた私は隆さんの体に覆いかぶさるように倒れこみました。隆さんは私のHカップの乳房を両手でわしづかみにし、左右の乳首を一度に口に含んでジュルジュルと吸い、レロレロと舐めながらいやらしく愛撫し出したのです。

「あひ。隆さん、やめて。いまイッたばかりで、体中敏感になってるのに。ああん」

「だって、こんなことができるのは麗みたいにおっぱいが大きい人だけだもん。いわば、麗だけが味わえる贅沢《ぜいたく》な快感なんだよ。さあ、もっと狂っておくれ」

「ひあ……あはぁん、あぁん、ああ」

数年前、最後にセックスしたときは潤滑ゼリーを使わないと痛くて挿入もままならなかったはずなのに、このときの私は若いころと遜色《そんしょく》なく愛液が大量に分泌されて、腰を振るたびにグチュグチュと卑猥《ひわい》な音を部屋に響かせていたのです。

「ああ……恥ずかしいわ」

座位で向き合いました。

「麗、愛してる。何回言っても言いたりない。俺を男に戻してくれた人、奇跡を起こしてくれた人、ああ、好きだ。大好きだよ」

隆さんは体を密着させて、何回も何回も私を突きあげます。

「隆さん、大好き。大好きよ……もう私を離さないで」

喘ぎながら、私はクリトリスを擦《こす》りつけながら腰を振り動かし、隆さんの首に腕をまわして唇を激しく求めました。

「あひ、またイッちゃうぅ」

二回目の絶頂を迎え、意識が遠のいていくなか、私も女に戻れたことを、しっかりと噛《か》みしめていました。

いま、隆さんは私をモデルにした肖像画を描いています。サークルのグループ展に出すためなので、もちろん着衣ですが、その合間には裸体デッサンを何枚も描いているのです。

ただ、ヌードだと途中で隆さんが我慢できなくなり、休憩のたびに私の体を丹念に弄《いじ》り、結局最後までしてしまうのが、うれしいような困ったような……。

もう古希と還暦間近のふたりだというのに、会うたびに愛し合ってしまうなんて、まるで十代のカップルみたいだねと苦笑いし合っています。

絵画サークルの仲間にも、バレないように気をつけなくてはと気持ちを引きしめているところです。それでも、だんだんとできあがってくる肖像画を見るたびに、私はこのうえない幸せを噛みしめているのでした。

頭ポンポンの日

大阪府・会社員・三十五歳・女性

「山内《やまうち》さん、こっちもビールないよ」

経理部で唯一の女性である私は、いつものようにみんなのお世話係でした。

三月の決算対応が終わり、経理部のみんなで、五月のゴールデンウイーク明けにビアガーデンに出かけたのです。

三十五歳になったばかりの私は、お局さんと呼ばれる一歩手前。地味な事務員の制服がなじむ年齢でした。彼氏のいない独り身の女としては、男性に甘えてもらえることが素直にうれしかったのを覚えています。

「部長、グラスが空ですね。ごめんなさい、気がつかなくって」

高橋《たかはし》部長の席はいつもいちばん奥で部員の話をにここと聞いて、自分の話はしないのです。聞き上手な部長のそばにはいつも人が集まりました。

「部長とこうして飲めるのも、あとちょっとなんですねえ」

空瓶やお皿を片づけるふりをしながら、一瞬空いた隙に、しれっと部長の隣の席をゲット。

「そうだね。あと半年で定年だ。残りちょっとだけど、山内さん、よろしくね」

ビールをひと口飲んだ部長は、律義にもぺこりと頭を下げてくれました。私は部長よりもふたまわり以上も年下ですが、私に対して威張ったり偉そうな振りをしたりすることは一度もありませんでした。

「私、正直怖いんです、部長がいなくなるのが」

経理部の大黒柱で生き字引。部長は部門内だけでなく、全社員から頼られる人でした。みんな口には出さないけれど、部長がいなくなったあとのことを不安視しているのです。

「僕がいなくなっても、山内さんがいれば大丈夫でしょう。ずいぶんしっかりしてきたから」

仕事のできる部長に認めてもらえて、単純な私はほくそ笑みました。

「でも私ってそそっかしいし、ミスも多いし、経理に向いてないと思うんですよね」

仕事でミスをするたびに、いつも部長がフォローしてくれていたのです。

「大丈夫。山内さんならできるよ」

部長が不意に手を伸ばして、隣に座る私の頭をぽんぽんとなでてくれました。これは部長の癖でした。

仲のいい部員にだけ、まれにこうしてスキンシップするのです。部長の温かくてやわらかい手のひらに触られると、なぜか胸がギュッとなりました。

「部長、今日、二軒目、ぜったい行きましょうね」

胸の中にふくらむ不安を吐き出したい。私の切実そうな顔を見たからか、ふだんは一次会で切りあげて帰る部長を連れ出すことに成功しました。

駅近くの繁華街に移動した私たちは、スナックに入りました。もの静かなママさんと薄暗い店内にはお客さんがちらほら。幸い同じ会社の人はいません。

部長とふたりだけのうれしさもあり、私はその店で飲みすぎて、足下がふらついていました。

「山内さん、ちょっと飲みすぎだね。タクシーを拾うから今日はそれで帰りなさい」

「かなり気持ち悪いです。車に乗ったら、危ないかもしれません」

ちゃんぽんした酒がおなかの中でひっくり返っていました。その場から動くことも厳しくなった私を見かねて、部長はタクシーを拾うのをあきらめて、目の前のビジネスホテルにチェックインしました。

酔いつぶれた私を心配しただけで、部長にやましい気持ちなどなかったはずです。いま思い返せば、もうわからないけれど。

狭いベッドの上で横になっていると、部長が水を買ってきてくれました。

「すみません、こんなに酔っちゃって」

「楽しかったからね。でもこんなになるまで飲むのは体によくないから、今後はほどほどにね」

翌日は土曜日。部長は最終電車の時間を気にして革張りの手帳をのぞきこんでいました。おそらくサッカー部に所属する息子さんの予定を確認していたのでしょう。

「今日、山内さんが酔っぱらってしまったのは僕のせいでもあるから、ホテル代は出すね。無理せずに休んで」

そうして、頭をぽんぽんとなでてくれました。ふいに涙が出そうになって、ごまかすように私は声をあげました。

「お願いです。行かないで。部長がいなくなったら、私どうすればいいんですかぁ」

頭をなでてくれた大きな右手をぎゅうと握りました。心臓がドキドキ鳴っていたのは、たぶんアルコールのせいです。

部長のことを異性として意識したことはこの瞬間までありませんでした。しかし部長の定年退職というリミットを意識させられて、今後の仕事に焦りを感じていた私は、つい手を伸ばしてしまったのです。

「大丈夫。山内さんなら、いずれ経理部を引っぱっていく存在になれる。僕は信じてるよ」

酔っぱらいにいやな顔をせず、どこまでもやさしい態度を崩しません。その向こう側の本心を知りたくて、つい大胆になりました。

「私、部長がいなくなるのが不安で、怖くて。絶対に誰にも言いませんから、私を」

部長のおなかにぎゅうと抱きつきました。まるで小さい子供が駄々をこねているようでした。ビアガーデンで食べた唐揚げの油の匂いと、部長の汗の匂い。

「本当に酔っぱらってるね。しばらく休んだほうがいい」

困惑した部長の声が上から降ってきます。やさしく肩をなでてくれました。

「本気です。冗談でこんなことするような女じゃないんです」

こんなことまで言ってしまったら、あと戻りできません。おなかに埋《うず》めた顔を少しずつ下にずらしていきました。部長の股間は熱く、少し盛りあがっていました。

「私じゃいやですか。頼りにならない酔っぱらいの後輩ではだめなんですか」

そのときはじめて、私は部長の困り顔を見ました。

「そんなわけじゃないけど、僕はもうおじさんだよ。というか同じ会社なんだから、こういうことは……」

しどろもどろの部長の声とは反対に、ズボンの中の塊はどんどんふくらんでいきます。

「私、本気ですよ」

ブラウスを脱ぎすてて、部長にブラジャーを見せつけました。私はぽっちゃり体型で胸はDカップあります。

おなかも出ているので恥ずかしかったけど、自信のある胸はどうしても部長に見てほしかったのです。

「そこまで言ってもらえるなんて。本当に、いいんだね」

私の胸を見たのがスイッチだったのでしょうか、いつも穏やかな部長の声が低音に変わり、股間がぐっと硬くなりました。

「はい。部長のそばにいたいから……先にシャワー、いいですか？」

狭いバスユニットで汗を流し、バスタオル一枚だけを身に着けて部屋に戻りました。ソワソワした様子の部長がベッドに腰かけて、私の胸や太ももをチラチラと見てきます。

「じゃあ、僕もシャワー、借りようかな」

ぎこちなく立ちあがった部長と手狭なベッドサイドですれ違おうとしたとき、私のバスタオルが落ちてしまいました。

「あっ。ごめんなさい」

反射的に胸と下を隠そうとしましたが、部長の反応が見たくてそのままさらけ出しました。部長の視線が乳首に突き刺さるようでした。

「私、太ってて、お尻が大きいんです。こんなの、部長はいやじゃないですか」

「山内さんは太ってないと思うよ。それにこれくらいのほうが、僕はタイプなんだ」

部長の奥さんはとてもスレンダーで、少年のような体つきをしていたことを思い出しました。

部長がズボンのファスナーを下ろしました。ぱんぱんのトランクスが社会の窓からにょっきりと頭を出しています。シャワーに行こうとしていた体を反転させて、私をベッドに押し倒しました。

「……部長、いっぱい触って」

私が部長に対してため口を使ったのはこれがはじめてでした。高鳴る胸を部長の手のひらが揉《も》み、なでまわします。

オフィスで真剣にキーボードをたたいている手。落ちこむ私の頭をぽんぽんとなでる手。その手が私の胸を直接揉んでいました。いままでにない興奮が、私を包んでいました。

「はぁ、はぁ、山内さんっ」

部長の手のひらは少しずつ下に下がっていきます。ナマの肌の感触を確かめるように、全身をなでてくれました。

部長が乳首に吸いつくと同時に、彼の右手がついに陰部へと侵入してきました。

実は部屋に入ったときからぐっしょりとぬれていたのです。シャワーでぬれたという言い訳ができないほど、内部からとろとろのお汁が漏れていました。

「こんなにぬらしてくれていたんだね。エッチなんだね」

少し責めるような口調でした。やさしい山内さんは、愛撫《あいぶ》に軽い言葉責めまで加わり、私の頭はくらくらしていきます。

「部長、お願いです。早く入れてください」

アソコは準備万端です。早く部長のモノがほしい。やさしくて頼りになる高橋部長という存在から、私で興奮するただのオトコになる瞬間を見たい。

「僕、シャワー浴びてないけど、いいの？」

部長は服を脱ぎはじめました。中肉中背、少し出たおなか。その下ではしっかりと勃起したオチ×チンが飛び出していました。長く彼氏もいなかった私は、男性器を見ること自体が久しぶりでした。

「早く、部長がほしい。ピルを飲んでいるので、コンドームもいらないです」

自ら足を開いていました。ぐっしょりとぬれたオマ×コに、部長の視線が突き刺さります。部長はなにも言わずに、オチ×チンを差し出しました。

「入れるよ。入れてしまうよ」

部長が振り絞るような声で尋ねました。もうここまでくれば、戻れないはずなのに……。

いま思うと、部長も怖かったんだと思います。家庭があり、奥さんと息子さんがいる。長く勤めた会社は、あと半年で定年退職。用意された花道を前に、地味な女子社員と過ちを犯そうとしているのです。

「ぜったい誰にも言いません。明日からはまた普通に仕事します。だから、お願い」

赤くぬれたビラビラを見せつけるように、腰をゆらりと動かしました。ここまで懇願されて、部長も根負けしたのでしょう。

「じゃあ、もう入れるからね」

部長の低い声が耳に届きました。同時に、硬い勃起が私の中にずぶずぶと入ってきました。

部長のは巨チンというほどでもなく、平均サイズ。ただびっくりするほど黒くて硬いのです。いままでつき合った彼氏のどれよりも力強さがありました。

硬いイチモツがゆっくりと私の中に突き刺さってきます。久しぶりのセックスでしたが、心配無用でした。とろとろになっていたオマ×コは部長の塊をのみこんでしまいました。

「ああっ、部長のいいっ……ゆっくり動いて」

私に言われるがまま、部長の腰が前後に揺れます。最初はゆっくりと、私の声がとろけはじめると、動きが大きくなりました。

「あっ……あっ……いい……いいよぉ」

久しぶりの性交。なにより、信頼する上司とのセックス。ビアガーデンに行く前までは想像していなかった状況に、ただあえぐしかありませんでした。

「はぁっ、はぁっ、山内さんっ」

腰を振りつづける部長が私の胸にむしゃぶりつきました。部長という仮面を脱ぎすて、ただのオトコになった彼は、無我夢中で私の乳首を吸いあげます。

「あんっ……おっぱい、ぺろぺろして」

ずんずんと挿入され、同時に乳首を吸われるとたまりません。オマ×コを部長のオチ×チンがずりずりと擦《こす》ります。

恥ずかしいのですが、そのたびにお汁があふれ、大きくあえいでしまいました。経験したことがないほどに私は乱れました。

「中に出すのはダメだよね。山内さんのおなかの上に出すね」

ずんずんと突き刺さるオチ×チンがこれ以上ないほどに硬くなっていました。

「中に出してもいいですよ。きちんとピルのんでいるので、妊娠はしません」

ピルは生理痛をやわらげるために、婦人科で処方してもらっていました。

「本当？　じゃあ、中に出すよ」

部長のピストンがどんどん速くなってきます。ジュボジュボという音がして、私のお汁と部長の我慢汁が混じった体液がこぼれました。シーツはびしょびしょです。

「ああっ、奥まで突いてぇ。ああっ」

激しいピストンに負けて、私はひと足先に絶頂を迎えてしまいました。膣イキしたのも、これがはじめてだったと思います。

「うう、もう出すよ……山内さん、ごめん」

部長は最後に小さく謝ると、私のいちばん奥で腰をブルブルと震わせました。

同時におなかの奥に温かいものが流れこんできます。部長の精液が、いま私の子宮に注がれている。

そのあとのことはよく覚えています。ふたりでお風呂にいっしょに入って、もう一度セックス。別れを惜しむように、再度ベッドで交わりました。

合計三回した私たちはもうへとへと。奥さんに怪しまれたくない部長は、その日のうちにタクシーで帰宅していきました。私は部長に払ってもらったホテルでぐっすりと休みました。

翌朝、目が覚めるとベッドは精液や汗でぐちゃぐちゃ。部長の精液の匂いで一度オナニーしてすっきりした私は、家に帰りました。

そこから半年間、部長との秘密の関係は続きました。奥さんと長くセックスレスだったということも知りました。家庭のために浮気もせず、自慰で性欲を解消していたそうです。どこまでもまじめな人でした。

しかし私とセックスしたことで、私は彼のストッパーをはずしてしまいました。一度のデートでは最低三回はセックスをしました。私も性欲が強いほうだったので、相性抜群だったのです。

ただしふたりの間にはルールがありました。職場でぜったいにバレないようにすること。LINEを使うと奥さんにバレる可能性があるため、やりとりしないこと。私も部長の花道を邪魔するつもりはありませんでした。

ルールに従い、部長とのセックス生活を送りました。行為を誘うのはいつも私からでした。

「部長、ここの科目について質問なんですけど」

まず請求書と伝票を持ち、仕事の質問をするふりをして部長のところまで行きます。まわりにはほかの社員が働いています。

「この金額であれば消耗品じゃなくて固定資産で計上してくれるかな。税抜きの取得金額で管理台帳に追記しておいてね」

的確な指示とともに、部長が私の頭をポンポンとなでます。それが合図でした。

いつもホテルに行くとお金がかかってしまうので、逢瀬《おうせ》は私のワンルームマンションへと移りました。頭ポンポンの日は、必ず私が先に退社します。

家に帰って待っていると、部長がやってきます。そして終電まで思いっきりセックスして、彼は自宅へ帰っていくのでした。

「山内さんは、僕が子供のときに飼っていた犬に似てるんだ。だから、自然とひかれてしまったのかもしれないな」

私は犬といっしょなのか、という変な落胆はありましたが、部長の特別な存在になれたことは間違いありません。それに大きな声であえぎ、部長の腹の上で激しく腰を振る私は犬同然でした。

蜜月のような日々は一瞬で過ぎ去ってしまい、とうとう部長の勤務最終日となりました。花束と送別品が入った紙袋を両手に持った部長が、みんなに見送られて、定時ぴったりに会社を出ます。

私はいてもたってもいられず、職場を飛び出しました。制服を着がえることもできず、足下はスリッパのままでした。

部長はビルの前で私が近寄るのを待っていました。

「山内さん、いろいろとありがとうね」

人に見られる可能性があるので、泣くわけにはいきません。

「ありがとうございました。お元気で」

いい言葉がなにも思い浮かびません。部長はゆっくりとこちらへ歩いてくると、小さく言いました。

「お願いがあるんだけど……」

仕事のときのやさしい高橋部長の声ではなく、セックスのときの低い声でした。それは事務員の制服でセックスさせてほしいというものでした。

白いブラウス、チェック柄のベスト、肌色のストッキング、昭和を思わせる地味な制服は好きではありませんでしたが、部長のお願いです。聞かないわけにはいきません。

大きな荷物を持った部長を自宅に呼ぶのも気が引けて、私たちは駅前のビジネスホテルに行きました。

着がえもせずに会社を飛び出した私は、地味な事務員の格好のまま。しかし部長は、すごく興奮しているようでした。

「こういう関係になる前から、実は山内さんの体を見て、いいなぁと思っていたんだ。セクハラだね。ごめんね」

地味な制服が私の体でパツパツになっているのが彼のフェチを刺激したのでしょうか。

「部長、思いっきり抱いてください」

最終退社日が、私たちの関係の終わりの日。ふたりの間の暗黙のルールでした。

部長の股間はすでにカチカチに張りつめています。

「わかった。山内さん、ちょっと来て」

まるで業務中のように、部長が私の名前を呼んでくれます。

私がベッドサイドに腰かけると、部長がすぐさま覆いかぶさってきました。

まだるっこしそうにベストとブラウスのボタンを取りはずします。Ｄカップの胸がこぼれました。

「最後に僕のわがままを聞いてくれて、ありがとう。ムチムチした山内さんの制服姿を思い出して、家でオナニーしてたんだ」

なんと私と関係を結ぶ前から、私は部長のオナニーのオカズになっていたというのです。

「うれしい。今日はめちゃくちゃにして」

部長はずっと前から私のことをいやらしい目で見ていた。その事実だけで、子宮がぶるりと震えるのがわかりました。

いつものように部長が乳房にむしゃぶりつきます。部長の奥さんはＡカップなんだそうです。Ｄカップの私の胸に顔を埋めるとき、本当に幸せそうな顔を浮かべていました。

もちろん彼の右手は私のパンツの中へ。シャワーも浴びずに抱き合ったため、ストッキングは私の汗で蒸れていました。そんなこともおかまいなしと、太い指が私のオマ×コへと入りこみます。

「ああっ。もっと触って。ああっ」

部長の指がぐりぐりと押し入ってきます。制服を着たままおっぱいを出し、あえぐ私の姿に部長は我慢しきれず、自分でしごきはじめてしまいました。

「部長、自分でしないで。私が気持ちよくさせてあげます」

私は部長と体位を交換すると、上に乗りました。シックスナインの体勢です。目の前に部長のオチ×チンがブルンと立ちあがっています。私はこのときまでフェラチオというものをやったことはありませんでした。

でも、今日が最後の逢瀬。私にできることはなんでもしてあげたい。その気持ちで、部長の勃起を口に含みました。

「ああ、気持ちがいい。山内さんの口の中は温かいね。すぐにイッちゃいそうだよ」

部長の吐息がストッキング越しに私のパンツにふぅふぅとかかります。それがとってもいやらしくて、私はオチ×チンに吸いつきました。自然と腰がくねります。

「パンストを破ってもいい?」

制服セックスというお願いをしたからか、この日部長は見たことがないほど積極的でした。

びり、びりり。

安物のストッキングはすぐに裂けて、ムレムレのお股が出てしまいました。

おっぱいにむしゃぶりつくように、部長が私のオマ×コに顔をすり寄せます。すでにグショグショになっていたので、部長の顔もすぐにびしょぬれ。

私たちは夢中でお互いの性器を吸い合いました、最後ということを認めたくないかのように。そのあとは私の制服がぐちゃぐちゃになるまで何度も体を重ねました。

「部長、頭ポンポンってして」

その夜、部長はずっと私の頭をなでてくれました。大きな手のひらでポンポンされるたび、ラブジュースがあふれました。

その日ホテルを出てから、部長とは一度も会っていません。私も引っ越してしまいましたし、そもそもお互いの連絡先を知らないのです。

部長は定年退職したら家族で田舎に引っ越すと言っていました。街でばったり会うということもないでしょう。大きな手のひらで、私のかわりに犬でもなでていてほしいなと思います。

今日、私に辞令が出ました。来月からは、私が経理部の部長になります。

SOSは無言で

兵庫県・主婦(元風俗嬢)・五十五歳・女性

兵庫県の高校で古文を教えていた私は二十五歳で結婚し、描いたゴールへのまっさらな幸せ街道を笑顔で歩いていた。

ところが月日とともにレッドカーペットにゴミが目立つようになり、それらを片づけながら歩くようになった。

五年後、私が不妊体質だと判明した。子供が欲しい夫と早く孫の顔を見たいご両親の期待に応えられず、ギクシャクした生活のすえに幸せ街道は行き止まりになった。

子孫を残すことが私にできる最低限の社会貢献だと思っていたのに、それさえできない自分がつらく、こんな精神状態で教壇に立つのは生徒に申し訳なくて、教職を辞した。

ほうり出されるように離縁された私は、夫から当面の生活費にと渡されたお金で六畳一間の安アパートを借りた。

独りぼっちになったが、意外にサバサバしていた。もう肩身の狭い思いをしなくてすむ。お尻に刺さっていた棘《とげ》が取れたような気がした。

田舎の両親は帰ってこいと言ってくれたが、パートかアルバイトで私の知らない世界をのぞいてみることにした。まだ三十二歳だ。ただし期間を五年と決めた。

さて、なにをしようか？

平日に梅田《うめだ》の百貨店に行ってみると、ベビーカーを押して幸せそうに歩く女性がいた。私もこうなるはずだったのになあ。

帰宅すると郵便受けに風俗のスタッフを募集するチラシが入っていた。私には別世界のことなので、ゴミ箱にほうりこんだのに、派手な活字が私を手招きした。

稼げるし、衛生対策は万全だと誘っている。五年間の冒険のはじまりとしては無謀か、うってつけか迷ったが、教師に戻る道を絶つ覚悟と葛藤しながらも、意を決して電話をかけた。

翌日、大阪の店に出向いて面接を受けた。夫との貧弱なセックス経験、そもそも夫以外の男を知らない私に勤まるだろうか。

「あのう、私……あんまり……」

男はやさしい顔で微笑《ほほえ》み、この仕事をしていると面接時の話しかたや雰囲気で性体験の量や質がわかると言い、私の手を見ながら仕事内容を説明した。

「ペニスは鉄の棒じゃないので、愛情を持ってしごいてください」

あんな汚いものに愛情なんて持てない。やさしく接しろということだろう。お金の魅力もあったし、想像していたような怖さがなかったので、体験入店で翌日から三日間、十時から十五時まで勤めることにした。

翌日、ふたりのペニスを見せかけの愛情を持ってしごいて、二万円を手にした。これなら私にもできる。お客さんのことをひとりと言わず一本と数えることを知り、言い得て妙だと感心した私は気が楽になった。

このぶんだとお金もたまりそうだし、五年間はこれで世間を見ることにした。

一カ月もすると精液のツンとした臭《にお》いにも慣れ、汚いペニスがかわいい駄々っ子に見えてきた。

コンプレックスだったはずの大きな胸が武器へと変わり、パイズリをリクエストする客の指名が増えた。

当時の風俗店は手コキを建前とし、セックスは自由恋愛と称して別料金で店を通す必要がなかったため、四年半でとんでもない額のお金がたまった。

ところが、五年近くたったころから客が減り、一日ひとりいるかいないかの日が増えてきた。

潮時かな。

そろそろ次の五年計画を考えようと思っていたときに若い子から指名があった。

教師の経験から、その子は高校生に見えた。ただ眼光の鋭さが並の高校生ではなかった。その子は二十歳だと言ったが、私にそんな嘘《うそ》は通用しない。

「どうして、私みたいなおばさんを指名したの？」

「あのう、母に似ているので」

母親のことをオカンと言う子が多いのに、その子は母と言い、家庭でのしつけが看て取れた。

店の受付で、モザイクだらけの私の写真を見て母親に似ていると思ったらしいが、男の子は母親を性の対象として見るのだろうか。意外だった。

マザコンかな。

「どう？　お母さんに似てる？」

「はい。それに学校の先生みたいで安心しました」

まだ教師の面影が残っているのだろうか、男に体を売ってきた私に。

女性ははじめてだと言うその子の顔は、ほかの客と違って性欲を持てあましているようには見えなかった。シャワーをすませてベッドに上がったが、私に触ろうともせずにモジモジしている。

こんな子からお金をもらうのはかわいそうだ。自由恋愛代金をもらわず、ペニスを迎え入れたが、あっけなく射精した。

客の男たちは射精を終えると私など用済みとばかりにゴロンと転がるのに、その子は私にしがみついたまま離れようとしなかった。

かわいいな。

シャワーを浴びたあと、その子がボソッと言った。

「給料をもらったら、また来ます」

給料……この子は高校生ではなかったのか。この仕事をしたせいで、私の目が曇ってきたのかな。私は店の名刺を渡した。

「受付でこれを見せたら千円引きだから。エッチしたってことは内緒よ」

その子はうれしそうに名刺をポケットに入れた。そして翌月、その子が来た。お金を握りしめてここへ来たのだろう。

この子のお給料からすれば、決して安くないお金を使うほどの値打ちが私にあるとは思えず、かわいそうになった。しかし、その子が来てくれたことが、なぜかうれしかった。

その日も私に甘えるようなセックスだった。

「来月また来ます」

「こんなことに、お金を使うのはやめなさい」

「やっぱり先生みたいですね」

「よかったら、今度ランチでも行かない？」

私はなにを思ったか、その子を食事に誘った。この五年間、会話を楽しめる友達がいなかった私は、話し相手に飢えていたのだろう。その子は戸惑った顔で私を見ていた。

「おごってあげるから、ランチに行ける日を見つけて電話ちょうだい。きっとよ」

店の名刺の裏にケータイ番号を書いて渡した。彼は角が擦り減って色あせたふたつ折りの財布に大事そうにしまった。

彼の名前は孝一郎《こういちろう》君。よい名前だ。

「じゃあ、電話を待ってるからね」

その日はほかに客がおらず、早めに店を退けた。私の五年計画ももうすぐ終わる。この仕事から足を洗おう。

翌日、店長に辞職を伝えたところ、引き留められることもなく即決だった。私のようなおばさんは、もう不用なのだろう。

三日後、孝一郎君から電話があり、土曜日に梅田のランチバイキングに連れていった。

「おばさんね、お店をやめたのよ」

「えっ……じゃあ、もう会えないんですか？」

残念そうな顔をしているが、五年間のキャリアから私には孝一郎君が女を抱きたいだけの牡《おす》には見えなかった。

「ねえ、君、本当はいくつ？」

「えっ、あのう、今日で十八になりました」

「やっぱりね」

母子家庭だった孝一郎君は母親が他界したため学費が払えなくなり、三年生の前半で退学してアルバイトで食いつないでいると言った。

通っていた高校は大阪で一、二の進学校だ。どうりでやさしい目の奥に鋭い輝きが宿っている。

問題の本質がなにかを見きわめて、どんなアクションを取ればよいかを的確に見つけられるタイプで、学年にひとりいるかいないかの能力の高い眼《め》をしている。

私の眼力は鈍っていなかった。この子は、学を積むにふさわしいタイプの子だ。この子の頭脳を野ざらしにするのはもったいない。

「実はね、私は昔、高校の教師だったの」

「ええっ、やっぱり！」

ふたりでやっぱりの応酬合戦のように話が進むにつれて、孝一郎君は私に気を許したのか、仔細《しさい》にわたって話してくれた。

病弱だった母親は、孝一郎君のために一途《いちず》に働くものの家計は苦しく、孝一郎君は小児科医の夢を捨てて新聞配達で家計を助けていたと言う。

高校を卒業したら働いて、母親を楽にさせたかったと親孝行な一面を語った。やさしい子だ。

そして四畳半一間の家にはひと流れの布団しかなく、いつも抱き合うようにして寝ていたと言い、そのあとの言葉に私は面食らった。

やさしくて懸命に生きている母親がいとしくて、寝るときには「おやすみのキス」をしていたと話すのだ。

なんと言えばよいのだろう。

先週まで風俗嬢だった私は、中途半端な言葉を返せなかった。

「いま、なにか欲しいものはある？」

「……母に甘えたいです」

半年前に他界したお母さんが恋しいと言った。そんな男の子がいるだろうか。孝一郎君の素直さが私の思考回路を直撃した。

「私は君のお母さんに似てるんでしょ。なら、私に甘えなさい」

「いや、でも今日はお金を持ってないから」

「あのね、私はもうお店をやめたのよ」

孝一郎君には私の言葉の深意が伝わらなかったようだ。

十八歳じゃあ、無理もない。

「君は、お母さんとキスするときにお金を払ってたの？」

「まさか……」

「でしょ。今日は私をお母さんだと思いなさい」

「いいんですか？」

「もちろん……お誕生日のお祝いをしよう」

店を出てしばらく歩くとホテルが見えた。シャワーを浴びてベッドに上がった。孝一郎君は甘えるように私の胸に顔を置く。母親の温かさを味わうように。

避妊具を使わないセックスは別れた夫との子作りセックス以来だ。握った駄々っ子を膣にあてがうと、ヌルっと滑った。

あれ……唾をつける必要がない。

なんのきしみもなく駄々っ子が侵入した。いままで数えきれないほどの男を受け入れてきたので締まりがなくなったのだろうか。

でも、膣には駄々っ子の存在感がある。風俗での仕事では擦過の痛みを我慢して男の射精を待つだけだったのに、いまはまったく痛みがない。それどころか、駄々っ子が膣の中をスムーズに往来している。

えっ？　濡れてる？　この私が？

まぶたの裏でやさしい色の光がぼんやりともった。遠くに小さく見えていた光が、徐々に大きくなり、まぶたの中で閃光《せんこう》になった。怖くなって孝一郎君にしがみついた私の、体のどこかに雷が落ちて感電した。

もしかしてこれがイクってこと？

四十歳近くの、それも性を生業《なりわい》とする私が、十八歳の男の子にはじめて絶頂を教えられて、恥ずかしかった。

（そうだ、この子はもう客じゃないんだ……）

部屋を出るときに孝一郎君の靴を見ると、古くて汚れていた。ズボンもヨレヨレだし、セーターも毛玉が見えている。

「よし、靴を買いに行こうか」

「はっ、いや……」

駅近くの店で靴とズボンとセーターを買った。

「こんなにしてもらって……」

「おせっかいのおばさんが、ひとりくらいいてもいいでしょ」

手を差し伸べたくなる孝一郎君。風俗で知り合わずに、ふつうの生活で知り合いたかった。いや、風俗で知り合ったからこそよかったのかもしれない。

「来週もランチよ。じゃあね」

帰り道で徒然に考えていた。孝一郎君の成長の手助けをしてやりたい。久しぶりに教師魂が頭をもたげた。

花屋のパート職にありつけたので、生活も安定しているし、風俗でためたお金が使いきれないほどある。よし、孝一郎君にもう一度勉強させてあげよう。もしも彼が逃げ出したら、私に人を見る目がなかったと反省しよう。

翌週も、ランチのあとでホテルに行った。

「君、もう一度高校に行かない?」

身寄りのない自分にはその資格がないと言いながらも、孝一郎君の本心は、学びたそうに見えた。

「復学の道があるなら行きなさい。私が保護者になってあげるし、学校の授業料を出してあげるから」

「ええっ、おばさんが？」

「さあ、君には勉強する環境ができたわけです。じゃあ、次はどうする？」

「おばさんに感謝して勉強させてもらう、ですね」

「そう……見こんだだけのことはあるね」

「えっ、見こまれたんですか？」

「保護者なら、君の生活態度を知らなきゃね。これから、家庭訪問しよう」

「やっぱり、先生のままですね」

　孝一郎君は私にあきれながらも、目が輝いていた。孝一郎君のアパートは四畳半に小さなキッチンだけの部屋だったが、きれいに片づけられており、にらんだとおりのきちょうめんさが見えた。

「よし、合格」

「なにか、テストされたんですか？」

ファンシーケースの中には数枚のシャツとズボンだけで、上着がない。季節はもう十二月だというのに、これで冬を越せるのだろうか。

心配になった私は孝一郎君を連れ、上着を買ってから夕飯を食べに行った。孝一郎君は夕食もしっかり食べ、気のせいか、血色がよくなったようだ。

「君の前には、足長おばさんが現れたわけだけど、勉強しなかったらおばさんはいなくなるからね」

私の眼を見る孝一郎君。鋭いまなざしが私の瞳を突き抜けて、脳にまで届いた。私の本心を探っている。久しぶりに見る、射貫《いぬ》くような視線を心地よく感じた私も、孝一郎君の眼を見た。

互いの細胞に突き刺さるような視線を交わしたことで、目の前にあった高い塀が崩れて視界が開けた。

「わかりました」

孝一郎君は、私に賭けることを決意したようだ。

「じゃあ、また来週もデートしよう。それまでに復学の件を調べておくから」

家にたどり着いて気がついた。私の六畳一間も寒々としている。下駄箱はガタついているし、タンスは赤茶けている。

これじゃあ、孝一郎君のアパートと大差ないな。

翌日、駅前の不動産屋さんで見つけた分譲マンションの2LDKは、中古だけどクローゼットもついているし、下駄箱も埋めこまれていた。

これだ。

ほとんどのものを処分して、すぐに引っ越した。煎餅《せんべい》布団からダブルベッドになり、いままでのボロアパートから御殿に移ったような気がした。

次の土曜日。待ち合わせの場所に向かう私は、孝一郎君の性処理おばさんではなく、彼氏とデートする少女のようなウキウキした気分だった。

「お正月はお雑煮を作ってあげるから、ウチに来なさい」

「また、そんな一方的に……」

「ねえ、私を君の彼女にしてくれない？　年はとってるけど」

「彼女……おばさんは変なことばっかり言いますね」

「古文と地学の先生は変わり者が多いからね。彼女にするの？　しないの？　どっち？」

「し、します」

「それでよろしい。彼女だったら遠慮はいらないでしょ」

大晦日《おおみそか》の昼すぎに、本と着がえを持ってやってきた。毎日抱き合って寝て、私の人生が好転したと実感した三日間だった。

孝一郎君が射精後もなかなか離れようとしないのは、私を母親と置きかえていると思っていたが、そうではなかった。

彼はSOSを発していたのだ。甘えたい時期にそれがかなわず、勉強したくてもできない。いまを憂いて私に抱きついていた。

無言のSOSを受信した私は「孝一郎をよろしくお願いします」と、お母さんの声が聞こえたような気がした。私でよければ思いきり甘えなさい。そのかわり、しつけは厳しいからね。

年がいもなくウキウキした正月が終わり、一気に寂しくなった。部屋の温度も下がったようだ。まるで恋心が芽生えたような感覚に自嘲した。

変わり者と言われた私にも、乙女チックな面があったのだ。

一月の半ばに、私の家から近い進学校が転入学考査を実施することがわかった。孝一郎君なら合格するだろう。大阪の彼の家では考査条件に反するため、住所を私の家にした。

孝一郎君が私の家に転がりこんだ。荷物を整理したあと、いっしょにショッピングセンターに行き、久しぶりに買う男性用下着や靴下が私を笑顔にさせた。孝一郎君もお母さんといるような気がすると言って笑った。

孝一郎君は考査を突破して三年生に編入し、高校生と元風俗嬢との奇妙な生活がはじまった。

いっしょに住むようになって、孝一郎君をコウと呼ぶようになり、彼は私をママと呼んだ。

親子のような生活だし、他人が見ても親子に見えただろうが、コウは私の彼氏で偽息子だし、私はコウの彼女で保護者。ベッドをともにするふしだらな疑似親子だが、コウは私への敬語は忘れなかった。

コウはセックスに溺れることもなく、勉強にも励んだ。国公立大学の医学部も行ける。

「小児科医になりたいんでしょ。トライしなさい。病気の子供たちがコウを待っているから」

「……いいんですか？」

「いいもなにも、コウをお医者さんにするのが私の役目だからね」

コウが夢をかなえて研修医から一人前の医者になったある日、出勤したあとの食卓の上に封筒があった。ママへと書いてある。

コウがそろそろ自立するのだろうか。それを私に言いがたいので、手紙で伝えようとしているのだろう。

いつかはそんな日が来ると思っていた私は、覚悟を決めて開封した。

四つ折りの紙をひろげると、頭語に「母上」とあった。

うわっ、一本取られた。

ママと呼ばれていたものの、母親ではない私が、その二文字でコウの母親になれた。

ソファに座って読んだ。医師になれたことの礼を達筆な字でつづり、夢をかなえてくれた私に感謝する、これからも大好きでいますと結んでいた。

二度、三度、いや、何度も読み返した。コウが帰ってきたら恥ずかしくて顔を見られない。

コウの好きなロールキャベツを作って帰りを待った。

「ただいま」

「こらっ、ママを泣かせるな」

その夜はいつも以上にやさしく激しく抱いてくれた。いままでは甘えてくれるうれしさと淡い快感で幸せを感じていたが、その日は違った。コウの駄々っ子が魔法の棒のように思えた。

コウが射精したときに、精液と私の愛液がまるで強烈な化学反応を起こしたかのようにおなかの中が炎にまみれ、発生した快感ガスが全身を駆けめぐった。

私の体がどうなったのかもわからず、その日は私がコウにしがみついていた。意識が薄れ、額に汗するほどの女の悦《よろこ》びを知った。

コウがまだ自立しないのかと気になる日が増えた。私は五十歳を超えたし、彼にふさわしいお嫁さんが必要だ。

そのときは遠慮なく私を捨てていいからね。

「ママ、実はマンションを買おうと思うんだけど」

コウが目をつけた4LDKのマンションを見に行った。

「結婚して、ここに住もうと思うんだけど、どう?」

「結婚……」

コウに結婚相手がいたなんてまったく気づかなかった。コウと夜をともにしていた私はうしろめたくなったし、相手のお嬢さんに申し訳ない。元風俗嬢と同棲《どうせい》なんてコウの汚点になる。この際、きれいさっぱり別れよう。

「僕は、ママにプロポーズしてるんだけど」

「えっ、私に?」

血迷ったか!

肝っ玉が座っていた私なのに混乱してしまい、単語が脈絡なくこぼれた。

「コウが母親がママはコウが子供の……」

私が次の言葉を探している間、コウはやさしい眼で私を見ていた。私は深呼吸して、脳細胞を整列させた。

「あのね、ママはコウの嫁じゃなくて母親になりたかったの。コウの戸籍を汚すのはやめなさい。ママでいさせてちょうだい」

コウは私の性格を考えて、説得は無駄と判断したのだろう。瞬時に頭を切りかえたのはさすがだ。

「フラれたけど息子でいるほうがいいな。親孝行、できるね」

コウは親孝行に終わりはない、ずっと甘えていたいと言った。

「まだ甘える気？」

「ダメかな？」

ダメなわけないでしょ、私は母親なんだから。

新しいマンションは快適だし、毎日が度が過ぎるほど幸せだ。これからは私が甘える番かも。ちょっと恥ずかしいけど、たまには甘えてみようかな。

このさき老いていく私の願いはただひとつ。私を母親にしてくれたコウへのお礼のためにも、コウの負担にならないように終焉《しゅうえん》まで元気でいたい。

とまり木での誘惑

――大阪府・無職・七十九歳・男性

僕がはじめて課長の家にうかがったのは、夏の暑い夜のことだった。その日は仕事仲間と課長も入れて五人で、ビアガーデンでの飲み会。その帰りぎわ。

「おい、トミくん、もう一軒つき合えよ」

僕は、会社ではトミと呼ばれていた。何度も飲み会はあったが、課長とふたりきりということはなかった。課長宅と僕のアパートが近所なのは知っていたが、一度もうかがったことはない。

「あら、いらっしゃい」

笑顔のすてきなママが迎えてくれた。課長がよく通う、スナックだった。

すぐにおしぼりとボトル、氷が出てきた。バイトの子がひとりいて、店内はカウンターに六人、ボックスが一席あった。課長はいつもボックス席に座るとのこと。たまに奥さん連れで飲むとのことだった。

僕も課長との会話に合わせて、盛りあがった。課長はもともと、あまり酒には強くないとのこと。先ほどかられつがまわらない。僕もだいぶしんどくなっていた。

「カメちゃん、もう看板ですよ」

ママが課長の亀田さんを毎度の呼びかたで諭していた。

「女房に迎えに来てもらうね」

課長がよろよろとママに伝えたが、

「近くだし、酔いざましに今日は歩きましょうよ」

と言って、ふたりで肩を組んで歩き出した。道中の課長は鼻歌を歌いながらご機嫌だった。僕も久しぶりに遅くまで飲んで、すごく楽しい時間だった。

「あら、ごめんなさいね、ご迷惑かけまして」

課長の自宅の玄関に現れたのは、五十すぎくらいのぽっちゃり系、笑顔のすてきな奥さん。ネグリジェの上にカーディガンを羽織っている。

「いつも電話があるのに、送っていただいて、すみませんね。どうぞ、上がっていって。冷たいものでも飲んでお帰りください、暑かったでしょ」

奥さんが迎えてくださったので、課長に肩を貸しながらソファに腰かけた。

「トミくんは酒が強いなあ。今日は楽しかったよ。家内相手にもう少しつき合ってくれ」

課長の音頭で、また飲むことになった。僕と奥さんは並んでソファに座り、課長は向かい側の椅子に腰かけた。だいぶ酔いがまわっている様子だった。

「寝るわ。明日、ゴルフやねん。トミくんは休みやろ？　もう少し家内につき合ってくれ」

奥さんに促された課長は、寝室に退場。

「今日は迷惑をかけてごめんなさいね。はじめてなんですよ、会社の方がいらっしゃるのは」

僕はいま、奥さんの言葉よりふたりの距離感に気がいっている。

僕のグラスにビールを注《つ》いでくれたが、体がピッタリとくっついている。そして、奥さんのネグリジェのいちばん上のボタンははずれている。

チラチラと横目で観察している僕がいる。僕好みの体形で、また大好きな巨乳で、いまにも抱きつきたい心境だった。

「トミくんは明日休みでしょ。だったら、泊まっていきなさい」

奥さんのひと言で、僕はなんとも言えないうれしさを感じた。好きなタイプの女性といっしょの空間にいる。夢のようだった。

アルコールの力かもしれないが、頭がボーッとしてきた。もう僕も、これ以上飲めないかもと思った。

「奥さん、どうぞ」

自分が飲めそうにないので、奥さんに勧めた。

「私も弱いのよ。あまり飲めないの。ほら、顔も赤くなってるでしょ」

そう言って僕の手を取り、自分の頬に持っていって触らせた。あまりにも速攻な奥さんの行動に戸惑う僕。

「今日は、トミくんみたいな若い子と飲めて、なんだか若返った気分になったわね。青春ね。最高っ。ふふふ」

奥さんも酔ってきたかな。相変わらずふたりの体はくっついたり離れたりと、他人が見たらカップルのいちゃつきのように映ると思う。

いま、僕の肉棒はズボンの中で、はちきれんばかりにいきり立っている。

でも、これ以上、前に進めるわけにはいかない。課長がいつ起きてくるかもしれないし、奥さんに抵抗されるかもしれないし。ムラムラとした状況で、夜も遅いしお開きにした。

「汗、かいたでしょ。シャワーしてから休みなさいね」

奥さんが浴室へ案内するために立ちあがったとき、よろめいた。慌てて彼女の体を支えたときに、モロに胸をわしづかみしてしまった。ノーブラの巨乳だった。

「あぁ、すみません」

僕は恥ずかしそうに謝った。

「いやだわ、こんなオバちゃん相手に、すみませんなんて。こちらこそありがとう、つかまえてくれて」

浴室でシャワーの使いかたを教えてくれる。こちらへお尻を突き出して、前かがみになっていた。ピンク色のパンツが透けてみえる。

大きなお尻だ。でも、僕好みの体形だ。僕の肉棒は先ほどからカチカチの状態なので、先走り液が出ているのがわかる。

僕が服を脱ぎ、パンツを脱ぎかけたとき、

「タオル、これ使ってね」

と言いながら、奥さんが脱衣所に入ってきた。たぶん、カチカチの肉棒を見られたと思う。そういう目をしていた。

シャワーを済ませて、応接間に戻ったら奥さんがいなかった。僕はタンクトップとズボンだけの姿になっていた。奥さんが二階から下りてきた。

「子供の部屋が空いてるので、そこで休んでね。クーラーつけといたから」

奥さんはテーブルの上を片づけている。しゃがんで天板を拭いているので、ネグリジェの襟ぐりからナマ巨乳がまる見えだ。チラッと乳首まで見えた。

手の届くところにある。ただし、それ以上進めるのは、僕にはできない。

奥さんの案内で二階の子供部屋へ行った。女の子の部屋らしく、かわいらしいベッドがあった。クーラーもちょうど効いていて、心地よい。

「ゆっくり休んでね」

僕は奥さんの目の前でズボンを脱ぎ、パンツとタンクトップになった。

「若いからすごいわねえ、筋肉が」

奥さんが僕の胸もとを触った。そして、手がそのまま下腹のほうへ動き、腹筋を確かめた。

「主人とはえらい違いやわ。主人も私もブヨブヨだわよ」

そう言って、自分のおなかをポンポンとたたいてみせた。いま、本当にこのまま抱きつきたい気分だ。しかし、それはできない。

「おやすみなさい、朝に起こしに来るからね」

奥さんは階段を下りていった。僕は先ほどまでのことがいろいろと頭の中を駆けめぐり、なかなか寝つけなかった。

「おはようございます」

奥さんの声で起こされた。カーテンが開けられ、まぶしい光が射《さ》しこんできた。今朝の奥さんのいで立ちは、ジーパンとブラウスだった。

でも、巨乳がハッキリとブラウスを持ちあげている。

「コーヒーをいれたから、飲んでね」

奥さんと並んで座り、モーニングをいただいた。

「主人は朝五時すぎにゴルフに行ったの。あなたが泊まってること、主人は知らないわ。昨夜のこと、あまり覚えてないみたい」
最近、課長は特にアルコールに弱くなり、酒席での会話も思い出せないほどだとい
う。奥さんも僕が泊まっていることは言ってないとのことだった。
僕はいま、奥さんとふたりで秘密を共有したような、うれしい気持ちになった。
今日は奥さんは習いごとに行くとのことで、僕は送ってもらうことになった。
課長の家から車で十分ほどのところにわがアパートはある。
「近くに住んでるのね。私も遊びに行っていいかしら」
うれしいことを言ってくれた。
「いつでも来てください。素敵な奥様は大歓迎ですよ」
と言って、奥さんがハンドルにかけた手を握り、下車した。
十日ほどすぎた昼休み、課長に呼ばれた。一瞬、怖かった。なにかがバレたのかと。
「明日、時間あるか。家内がおまえに先日お世話になったので、またいっしょに飲み
に行こうと言ってるんだけど、どうや?」
僕に断る理由などない。ふたつ返事でオーケーを出した。僕も明日のことを考える
とウキウキする。なにかを期待してしまう。

課長は自宅からバス通勤だった。当日、同じバスで帰社して課長の家に向かった。するとと打ち合わせしていたのか、最寄りのバス停で奥さんが待っていた。三人で合流して先日のスナックへ向かったが、残念、予約を忘れた課長。土曜日ということで、満席で断られてしまった。

しかたなく、僕の行きつけの店に電話した。

「トミさんの席は空いてるよ」

ほかもなんとかするわ、とママの声。助かった。急いでタクシーで向かった。

僕はいつも、いちばん奥の席が定位置だ。店は細長く、カウンターだけ七席の小さな造り。僕はいつもの席に座り、隣に奥さん、課長が座った。

カウンター自体が少し高いため、椅子も高いものを使っている。腰かけるときは、とまり木に足を乗せるようになっている。

奥さんの今日の服装は、上はノースリーブのブラウス、下は生地の薄いフレアスカート。

課長がボトルをキープしてくれた。奥さんの音頭で飲み会がはじまる。

宴《うたげ》も進むにつれて、いい気分になってきた。ママの得意な下ネタで、みんなが笑っ

ている。気がつけば、客は僕たち三人だけ。課長がトイレに立ったとき、

「トミくん、この店気に入った。ママもきれいだし、これからも通ってくれよ」

と、上機嫌で言ってくれた。

店内にはいつも、ママの好きなムード音楽が流れている。

「おい、恵子《けいこ》、踊ろう」

課長が奥さんの手を取り、チークダンスをはじめた。ただ、動けるスペースがないので、じっとしているだけ。

振り向いてふたりを見ると、奥さんは課長の首に腕をまわして、顔を見ている。課長は奥さんの腰に手を当てて体を揺する。仲のいいことだ。

曲が終わり、椅子に戻るときに、奥さんが僕の膝に手を当てて椅子に上がった。気がつけば、僕の左足に奥さんの右足がピッタリとくっついている。

奥さんは左利きのようで、グラスを左手に持って飲んでいる。課長やママからは、僕らの下半身は見ることができない。

「恵子もトミくんと踊ってみ。若い男と踊ったりすることは、いいもんだぞ」

触れ合う脇腹に集中していたので、課長の急な声にビックリした。

「トミくん、踊ろう」

奥さんが僕の手を引いて立ちあがった。店内には「好きだった」の曲が流れていた。

今度は、奥さんは僕の腰に手を当てて、力いっぱいに体を寄せてきた。抱きついている。

奥さんは、そんなに背が高くなくて、僕とは二十センチくらいの差があると思う。

奥さんの顔は、僕の胸のほうにベッタリとくっついている。そして、巨乳を思いきり押しつけている。

いまのムードで、僕の肉棒はカチカチに怒っていた。先走り液が出ているのもわかる。モッコリ部位が、奥さんのヘソあたりに当たっているのもわかる。

奥さんの手にも自然と力が入っている。たまに爪を立てているのも感じる。曲が終われば、ダンスも終了。

椅子に座るときに、また奥さんが僕の太ももを力いっぱいに握った。

「若いっていいねぇ。私まで若返った感じ」

なぜか僕には、意味深長に聞こえた。課長は相変わらずママとの会話に夢中になっている。

奥さんは両手をカウンターに置いて、ママと課長の顔を見くらべながら、ふたりの会話の中に入っている。僕はなにげなく、左手を奥さんの右足の太ももに置いてみた。なんの反応もない。今度は少し擦《こす》ってみた。反応があった。僕の手を上から押さえて、握ってきた。しかし、五秒くらいで離れた。

僕は奥さんの太ももに手を置いたままだ。奥さんもいやがってはいない。膝から太もものつけ根のほうへと擦りあげた。フレアスカートがだんだんとまくりあがった。

手のひらが奥さんのナマ足に触れた。一瞬、ピクッとしたのを感じたが、そのままナマ足に触れたままでいた。僕の手をはねのけることはしなかった。

課長とママから見えないのをいいことに、僕はなおも奥さんを責めたてた。手を内ももにはわせた。そのとき、奥さんの手がカウンターから下りて、僕の股間のふくらみに触れた。

肉棒にそって、ズボンの上から五本の指で上下に擦っている。僕も負けじと奥さんの内ももの奥に手を伸ばすも、奥さんが太っているので股間に隙間がなく、届かない。

僕の動作を感じて奥さんが足をひろげたのがわかったが、それでも肝腎な秘所までは指が届かない。

僕はあきらめて、パンツを下ろすつもりで手を伸ばし、探り当てたとたん……。

「明日もゴルフだから、この辺で帰ろうか」

課長の声にビックリして、慌てて手を引っこめた。奥さんの手は、まだ僕の肉棒を握ったままでいる。

「もう少し飲みたいのにね」

奥さんは不服そうに怒り口調で返した。だが、しかたなくお開きにすることにした。

タクシーを呼んでおふたりを乗せ、僕はひとりで歩いて帰ることにした。

それから五日後。本当に偶然にも、僕が営業に行ったスーパーで、課長の奥さんとばったり出会った。

「まあ、珍しい。こんなところで会うなんて」

「はい、得意先なんです。ちょうど仕事が終わって、もう帰ろうと思って……」

「ちょっとだけ、家へ寄っていかない？」

僕たちは二台の車で課長の家に向かった。外は暑くて、僕も汗だくだった。

奥さんは家に入るなり、クーラーをつけて、僕は制服を脱いで上半身は肌着になった。

奥さんは冷たい烏龍茶《ウーロンちゃ》を出してくれ、先日と同じソファに座った。最近、課長の糖尿病が悪くなり、体調があまりよくないという話を聞いた。

しばらくは家庭や仕事、近所づき合いの苦労などを話していた奥さんが、とつぜん僕の目を見た。

「トミくん、この間のスナックで、こんなオバちゃんになんであんなことしたの？ビックリしたわ。主人たちにバレないか心配だったわよ」

問いつめる奥さん。でも、顔は笑っていたので安心だった。

「奥さんは僕の好きなタイプだったので……すごく魅力的だったので、ついムラムラとして、ごめんなさい」

「……別に責めてるんじゃないのよ。そりゃ、私もまだ少しは女でありたいと思うこともあるし、男の人に興味がないこともないしね。でも、本当言うとね、うれしかったの」

奥さんは恥ずかしそうに話しはじめた。

「ダンスしたときに、トミくんの元気な息子さんを感じたときから、こんな私にでもまだ反応してくれる人がいるんだと思うと、本当にうれしかったの。逆に、ありがとうよ。女を取り戻せそうな気がするの」

奥さんはそう言って、並んで座っている僕の手を取って、手の甲に口づけしてくれた。僕もうれしくなって、奥さんに横から抱きついた。

すると、奥さんが僕を正面に置いて力いっぱい抱きついてきた。どちらからともなく、自然とキスをして……ディープキスになった。

僕はもうブレーキが利かない状態だ。奥さんをソファにそのまま押し倒した。

奥さんも、自分のほうから僕に抱きつき、身を寄せている。上着のボタンをはずし、ブラジャーもはずして上半身を裸にした。

すごいボリュームの巨乳が現れた。両の手で持っても、あまりある大きさだ。

「トミくん、待って。本当にこんなオバちゃん相手でいいの？　五十も半ば、あなたのお母さんくらいの歳《とし》なのよ」

奥さんは僕に必死に問いかける。

「奥さんが好きだ。年齢なんて関係ない。きれいだ。かわいい」

僕は心から本当にそう思っている。ぽっちゃり型の巨乳が大好きだ。

「じゃあ、寝室へ行こうね」

奥さんに手を引かれて、奥のご夫婦の寝室へ入った。部屋へ入るなり、奥さんが抱きついてきてキス。

そして、立ったままの僕のズボンに手をかけて、脱がせてくれた。上は自分で脱ぎ、パンツ一丁の姿になる。

「横になって……」

奥さんも自分でスカートとパンツを脱いで、スッポンポンになった。

年季の入った熟女の大胆さなのか、少しばかりの陰毛が生えそろっている。

奥さんは僕の足下に座り、パンツを取って肉棒を握ってきた。唾を垂らし、上下に強く弱くとしごきながら、僕の顔を見て笑っている。

「気持ちいい？　どうしてほしいか言ってね。トミくんのは大きいね。硬くて立派よ。だいぶ女を泣かせたでしょ」

続けざまに言葉を発して、僕を挑発している。僕も気持ちよくてたまらん。

今度は肉棒を口にくわえて、チュパチュパとしゃぶり出した。

舌触りが最高にうまい。カリ首をチョロチョロと舐《な》め、口の奥までのみこみ、手でしごきと、本当に最高のテクニックを使っている。

これが熟女のなせる技か、と思う。

「奥さん、横になって」

今度は僕が奉仕する番だ。奥さんを寝かせて、股を開かせた。両足を持ち、思いきり開いて秘唇を指先でひろげる。

膣の中は、年齢のわりにきれいな紅色をしている。使っていないことがわかった。

「もう、何年もしてないのよ……」

奥さんが言っていたのを思い出した。僕も知っているかぎりのテクニックを使い、奥さんを喜ばせようとがんばった。

もう、僕も待てない。

子宮口に挿しこんでいた指を引き抜き、肉棒に唾をたっぷりと塗りつけて、膣口めがけて突入した。

「あっ、痛い、痛いよ」

久しく使っていないので、膣口が狭くなったのか、なかなか入らない。無理やりに入れようとしたのが悪かったかもしれない。

奥さんにつらい思いをさせるわけにはいかない。ここはじっくりと責めるべきだろう、と心を落ちつかせる。

僕はいま一度、奥さんの足下へ移動して、クリトリスを甘噛《あまが》みする。

「うぅ、ううん、気持ちいい……」

クリトリスを皮ごと指の腹で擦り、唾をたっぷりつけて膣内を刺激して、奥さんの反応をうかがった。

「あぁ、いい、お願い、我慢できない……来て……ゆっくり、入れて」

ふたたび肉棒に唾をたっぷりつけ、ゆっくりと押し入れた。少しずつ、膣の内部がふくらんでくるのがわかる。

入った。中は熱かった。

「あぁ……すごい、硬い、いいっ」

奥さんの感じかたもすごいものがあった。まさに乱れている。大きな声をあげ、呼吸も荒い。全身に力が入っているのがわかる。爆発してしまいそうだ。

両手を僕の背中に当てて、思いきりすがりつくように爪を立てている。

「あっ、いいわ、久しぶり、硬いっ、当たってるぅ」

僕のピストンに合わせて、両足を少し曲げて腰を波打たたせながら、

「もっと突いてっ、すごい、あっ、そこ、あぁ、いい、イクぅ」

奥さんは喜悦の声を発しながら、ガクガクと全身を震わせ、そして、ピタリと動かなくなってしまった。

膣口の締めつけはすごくきつく、肉棒がちきれそうだ。ビクビクとうごめきながら締めつけてくるからたまらない。

奥さんと同時に、僕のマグマも爆発した。

課長夫婦の寝室に、ふたりの荒い息遣いだけが響く。

奥さんは全身汗まみれで、ぐったりと寝転がっていた。

巨乳の谷間に汗がたまっているのがわかる。

「ああ……恥ずかしい、取り乱しちゃって。何十年ぶりかしら、この年にもなって、女の悦《よろこ》びを味わうなんて……」

奥さんと課長は、もうかれこれ二十年ほどの長きにわたって、肉体関係がなかったという。

「先日のスナックで、トミくんに刺激されてね、ずうっとムラムラが体に残ってたの。

ありがとうね」

奥さんは恥ずかしそうにしながら、僕の手を擦っている。

「今日のことは、トミくんからの素敵なプレゼントだと思って、喜んでいただいとくね……実は今日、五十六歳の誕生日なの」

奥さんの言葉が、僕の脳にグサッと刺さった。

あのスナックでの僕の行動が果たして奥さんの人生にとってよかったのか、悪かったのか。

いまでは知るよしもない。

これからどうなるの――東京都・パート店員・四十六歳・女性

「もう、くすぐったい……ダメ、もうやめて」

最近、私は一度イクと二度目、三度目と続けてイケないことがある。以前は何度でもイケたのに……なぜだかわからない。

これって更年期なのかな。私は四十六歳、ふつうの主婦……でもないか。それは、夫のほかにカレがいるから。

何度でも続けてイッてしまう私。夫に「淫乱だな」と言われた。傷ついた。だって、好きな人に何度でも愛されたいと思うのが悪いのって。

淫乱と言われてから、私からはぜったいに求めない。夫とのエッチは、微妙に一方的なものになった。

それでも私は感じてしまう。何度も何度も昇りつめる。クタクタになるまで。私の体がヒクヒクと痙攣《けいれん》しているとき、さらに奥へ奥へと夫のモノが突き刺さると、私は快楽の波に呑《の》みこまれてしまう。

夫に押し倒されて、強引なエッチでも感じてしまう私。だんだん、自己嫌悪が芽生えてきていた。

心と体がチグハグな感じ。夫をいやがってはいないが、なにか満たされない日々が続いていた。そんな時期にカレと出会った。

カレはやさしかった。私の髪を撫《な》でながら、

「きれいだよ、マキちゃん」

と言いつつ、ことをはじめる。そんな言葉は、しばらく聞いてなかった。ソフトな愛撫《あいぶ》もうれしい。

私の名前はマキ。カレはアキ、二十歳ほど年上で既婚者。ダブル不倫という関係だ。

カレは奥さんに「エッチ卒業宣言」を告げられ、悶々《もんもん》としていたと言う。しかもほかでするなら、わからないようにと念を押されたとか。

実はカレ、夫の元上司。夫が病気で会社を辞めるときに、いろいろと世話になった

人だ。そんなカレに、パートの帰りにバッタリ出会ったのだ。

「あのう、もしかして……佐藤《さとう》君の奥さん？」

「ああ……」

三年ぶりくらいだった。

喫茶店に入り、夫のことなどいまの状況を話した。私がパートをかけもちして生活を支えていると知ると、カレは申し訳なさそうだった。

「そうか。旦那、まだ働けないのか」

病気の原因がわからない。一般に言うモヤモヤ病。まったく働く気がない、働く気になれない、そんな病気だ。

家庭の事情を、誰にも話す機会がなかった私。少しスッキリした。

そのときは、それで別れた。だが、不思議なことにそれからはたびたび見かけるようになった。

私がパートをしているスーパーがある駅前だった。自宅は、その駅から三つ離れている。

出会うたびに、お茶をするようになった。セックスレスのカレ、心満たされない私。

お互いの関係が深まるのに、時間はかからなかった。

ダブル不倫……これは他人にぜったい知られてはいけない。

お互いに知り合いと会わない場所での密会が、もう十年以上続いている。

年長組だった息子も高校生になった。月に一度か二度会うだけの関係だけれど、それがあったからがんばってこられたのだと私は思う。

やさしい愛撫、やさしい挿入……そして体の痙攣が私のストレスを和らげてくれた。

二十歳ほど年上のカレ、最近なんだか変なのだ。私を抱いて、おなかや背中に射精して終わる。その終わりかたが減った。出さないで終わることが多くなった。

「疲れた。ごめん、マキちゃん」

私は何度もイッているのに、彼が出していないのが気になる。

私はカレにたずねた。

「ねえ、我慢しすぎじゃないの？」

「えっ、んん、マキちゃんに触ると、すぐに硬くなるんだけどね、出ない。でも、マキちゃんを何度もイカせたい。マキちゃんがイクのを見ると、幸せな気分になるんだよ」

「私は一度でもイケたら、それでいいんだけどなあ……」

「ホント？　私はマキちゃんがイクところが見たいんだ、何度でもね」

カレは「出す」のが目的ではなくなったと言う。だけど私は、カレにも気持ちよく出してほしい、私が感じるのと同じように。

一年ほど前、こんなことがあった。ふたりでいろいろ試してみたオモチャを、カレがぜんぶ捨てたのだ。

痛いのはいやだけど、どんな快感になるのか興味があったから、私もいっしょに試した。数々のローターやバイブ、ローション……それぞれに思い出があった。

まずローター。私が四つん這《ば》いになり、震えるローターを自分でクリに当てる。私が感じはじめると、ゆっくりとカレがうしろから押し入ってくるのだった。

そしてバイブ。グリグリと動くバイブ。私が上のスタイル。口にカレのモノを咥《くわ》えさせられる。カレは下からバイブを挿入して膣の中をかきまわす。

絹のスカーフは、私を縛るためのもの。体に痕がつかないように、絹なのだ。口を塞いだりもされた。目隠しをされ、うしろ手に縛られてのプレイもあった。

きっと私はM体質なのだろう。日常を忘れたいこともあって、カレがしたいことをさせていた。もちろん私が痛がれば、カレはすぐにやめてくれた。

カレは数々のオモチャをホテルのゴミ箱に投げすて、こう言った。

「あと何年できるのかって考えたら、オモチャなんかでしたくない。マキちゃんはもの足りないかもしれないけど、自前でがんばるからね」

私も温かみのない機械の動きよりも、カレのモノ、手や口のほうを望んでいたのだと思う。オモチャも感じたけど。

お互いに「なんでもあり」で快楽を貪り合ったこの十年。これまでとは違う時間が待っている、ということなのか。

続けてイクことができなくなっている私。なかなか射精できなくなってきたカレ。

お互いに、いままでとは違うなにかを感じている。

痙攣が鎮まるまで呼吸を整えている私。カレの熱い液体が体にかかる感触はなかった。

なにか申し訳ないなあと思っている私に、荒い息を吐きながらカレは話す。

「また出なかった。以前もこんなことがった気がする。二十代のころの話だけどね」

疲れてしまって射精まで行かない、そんないまとは違う原因だったという。

カレが、学生時代の話を語りはじめる。

カレが大学生時代につき合っていた女性は、クラスは違ったが、同じ学年。彼女はなにごとにも積極的な性格だった。

カレは東北の出身で、男子高校から文学部に入学した。女性がいる教室は、中学校以来。女性との交際も未経験で、性に関することはすべて、その彼女と共有したものだった。

キス、ペッティング……はじめてのことばかりだった。彼女はどこまで経験していたかはわからないが、処女だった。

童貞と処女……ふたりの初体験は、とても他人には話せない笑い話の連続だった。穴の位置がわからない、緊張しすぎて勃《た》たないなどなど。それでも性の知識が豊富な彼女が、常にやさしくリードしてくれたそうだ。

初体験から半年もたつと、彼女はイクことを覚え、カレのテクニックも多少上達した。

彼女は週に一、二度、カレのアパートを朝早く訪ねてくる。授業に間に合うまでの時間をふたりで過ごすためだ。

泊まるのは年に一度くらい。彼女の親に怪しまれないように気をつけていた。夏休みなど長期休暇のときだけ、クラブ活動を理由に三泊四日くらいの旅行をした。そのまま卒業して結婚するはずだった。まわりの友人たちも、そう思っていた。

しかし、なにかの行き違いでケンカ別れになってしまう。それが卒業の半年前。お互い相手のことを気にしてはいたが、仲直りはならない。

カレは彼女のことが忘れられずにいた。ふたりとも新しい相手を作らなかったので、きっと関係を修復できる機会があると信じていた。

性的な関係はとだえていたが、ぎこちなく世間話くらいはする。互いに親しい異性がいないことも承知している。

あるとき、ふたりの関係を心配したカレの友人が間を取り持つことになった。

「なあ、彼女のこと、まだ好きなんだろ。はっきり言えよ、彼女に」

「うん。でも、どうにもきっかけがなくて」

「俺が、おまえの気持ちを伝えてやるよ。いいか？」

「うん……」

一週間がたったころ、友人が報告に来た。

「彼女は、よりを戻す気はないと言ってたよ」

そのあとに、衝撃的な言葉が続いた。

「あの人、私があなたに抱かれたらあきらめるかな。ね、抱いて」

カレの元彼女は、なんとカレの友人を誘ったというのだ。

「友人だから、それはできない」

「彼に聞いてきて。私を抱いていいかってね」

カレはタカをくっていた。彼女の策略だろうくらいに思ったので「いいぞ」と答えた。どうせしないさ、そんな気持ちだった。

そして翌日の昼、友人はニコニコ顔でやってきた。

「サイコーだったぜ」

「えっ?」

カレは言葉を失ったという。

まさか本当に抱いたのか? 彼女は抱かれたのか? こいつに。

「だって抱いていいって言ったじゃん、おまえが」

カレは信じられなかった。動揺を隠し、平気なふりをした。

「ふうん」

「あのな、彼女は処女だったんだろ。すごいな、おまえ」

「なにが？」

「すごく感じるいい女になってるじゃん」

そんな言葉も嘘《うそ》だと思った。なんとでも言えるさ、そう思った。次の言葉を聞くまでは。

「正常位でのけぞってイッてな。そのあとバックでして。俺もがんばっちゃったよ。いい女だなあ」

カレは愕然《がくぜん》とした。彼女の性癖だったのだ。一度イクと、二度目はバックのおねだり……。

友人の説明は延々と続く。騎乗位での彼女の腰遣いまでも。

カレはもう呆然《ぼうぜん》としてしまい、聞いていなかった。

彼女が、こいつと……。

「彼女はクリトリス派だな。上になったとき、腰を前に擦《こす》りつけていたから。すごかったよ。俺、今朝まで五発も出しちゃった」

友人は彼女との顛末《てんまつ》をひととおりすると、いびきをかいて寝てしまった。嫉妬よりもショックが大きく、カレの気持ちは完全に萎えてしまった。

別の女の子とつき合っても、最後まではできない。風俗に行っても勃起しなくなった。いや、勃つのだが、射精まではいかなかった。カレの話はそんな内容だった。強烈な失恋のショックで射精できなくなった過去。私は黙って聞いていた。

二年ほどその状態が続いて、新しい恋人ができて、やっともとに戻ったらしい。

しかし今回は、そのときと感じは似ているが、原因が違う。それは大好きな私を相手に、できるのに出せないからだ、と言う。

「これは、年齢のせいじゃないかな」

カレが続けて話す。

「決定的に違うのは、若いときはオナニーするときにはビンビンになった。この前、マキちゃんと会って出なかったあと、家でオナってみたんだ」

「それで、どうだったの？」

私はカレのモノを握りながら促す。

「うーん。勃たないんだ。でも、出したくてしようがないので、マキちゃんを思い出しながらがんばった。しなだれたままの状態でドロッとね。少しだけ」

カレは足を突っぱって、出るまで続けたので、翌日は足や腹の筋肉が痛かったと笑う。

挿入して私をイカせるまで、元気いっぱいだったカレのモノ。おとなしくなったまま
まだ。

「ねえ、出さなくていいの？」

「無理だよ。勃たないもの」

私は口に咥えた。カリを舐《な》めまわし、裏スジを舐めあげ、タマタマを含む。

「もういいよ。ダメだって……」

カレは「ありがとうね」と私を抱きしめてから、バスルームに向かった。

私もあとに続いたが、カレが噴射する熱い液体を体に感じられないのは、なにかもの足りない。

お互いの年齢と社会環境が、私たちに影響を与えているのかもしれない。

以前は時間の許すかぎり、長いときは四時間以上、ホテルに滞在。行為の時間も休憩を入れて二時間に及ぶこともあった。

私たちが、それぞれの仕事が忙しくなったこともある。そしてコロナの感染拡大。この二年間は、自由に会うことができなかった。

私のパート先での地位が上がって、責任が生じたので簡単に休めなくなった。コロナの感染者が出て、勤務を変更せざるをえないことも多くなった。

カレも在宅ワークになり、奥さんの目があるなか、自由に出歩くことができなかったのだ。

お互いに時間を作ることが難しく、月に一度も会えないこともある。やっと会ってもいっしょにいられるのは二時間くらいだ。そんな理由で、カレの回復について話し合うことがなく、出せないカレのままだった。

みぞれまじりの雨が降る二月、まだコロナ感染の終息は見えていなかった。二カ月近くカレと会っていない。

私は、仕事が比較的早く終わる日を選んで、カレにメールをする。

——きょう十六時ごろ、どうですか？

——オーケー。いつものホテルで待ってる。

やっと会えると思っていると、パート先でコロナ感染者が出て、行けなくなる。そんな日が続いていた。

――ごめんなさい。また仕事の時間が変わってしまって、行けません。

――仕事ならしかたない。

そんなメールのやりとりが続く。二月の週末、珍しく雪模様の日だった。ようやく、カレと時間の調整ができた。久しぶりに会える。

パートを終え、急いで電車に乗る。行き先は知人に会うことを避けた。お茶をした駅から遠く離れた、渋谷《しぶや》のラブホテルだ。十六時に約束、うきうきしていた。

しかし、何時までいられるか逆算しながら電車に揺られていると、メールが来た。

――いつものところは満員だよ。ホテルの前で待ってる。

寒いのに外で待たせては申し訳ない。電車を降りると、走ってホテルに向かう。カレが待っていた。

「きょうは金曜日か。どこも満室になっているなあ」

ホテルの「空室」のサインを探しながら、ホテル街をふたりで歩きまわる。

時間がない、タイムリミットが刻々と近づく。

「今日は無理だな」

カレが残念そうに言う。

「しかたないよ。マキちゃんの顔が見られただけでもオーケーさ」

残り時間四十分、いっしょに喫茶店に入った。

パートのシフトの変更や、かわりに自分が入らなくてはならないことをカレに話す。

それだけで、心が休まる気がした。

翌週、雪まじりの風が吹く真冬らしい金曜日の夕方にカレと会うことができた。

いつものホテルで、カレがシャワーを済ませて待っていた。

私が体を洗っているときに、カレが浴室に入ってきた。

「えっ、なに。どうしたの」

「なんか我慢できなくて。何回もおあずけ食ったからなあ」

本当は私が部屋に入ってきたときに、押し倒してしたかったと。

私が髪を洗う間も、カレはうしろから私の全身を手で洗いまくる、やさしく。

気持ちがいい……。

立ったままで、膝が緩くなる。

ああ、濡れてきている。
シャワーを止めると、カレが私の腰を抱えた。カレのモノが股間に当たる。元気だ。
少しだけ、私が腰を突き出す。カレがググッと侵入してきた。
すんなりと収まった。
「マキちゃん、気持ちいいよ」
カレが、ゆっくりとピストン運動をはじめる。
浴室でなんて、これも久しぶり……。
ああ……体が反応して、崩れかかる私をカレが抱える。
「続きはベッドにしよう。コレが元気なうちにね」
私は少し不満だった。
もうちょっとでイクのに、やめるなんて。
カレは私から抜き去り、もう体を拭いている。
タオルで髪を拭いているとき、ベッドに押し倒された。
部屋に入ったら押し倒して……ああ、これがしたかったのね。

ふだんとは違った展開で、私はなかなか集中できなかった。いつもより長い時間がかかって、一回目の痙攣が来た。

「かわいいよ、マキちゃん」

カレの声が聞こえる。そして私の股間に顔をうずめ、クリを舐める。

ああ、これがいい……。

体が勝手にヒクついている。

私が落ちつくと、体を反転させられる。今度はバックだ。

腰を抱えられて、ゆっくり抜き挿しがはじまる。

そうそう。それくらいのスピードがいいかも。

私が快感に没頭しようとしているときに、とつぜんカレがうめいた。

「ああ、出るぅ」

カレがペニスを抜いて、私の背中に射精する体勢になる。私は驚いた。

「ああ、やっと出た！」

とカレ。そのあとすぐに、

「えっ、ああっ、出てない。出る感覚だったのになあ。どうなってんだ」

カレの喜びの声が戸惑いに変わった。

確かに、熱い液体の感じが背中にない。私もいっしょに困惑した。

「やりなおし。まだ元気だから、このまま続けるよ、正常位で」

バックの体勢だった私は、体を反転させて脚を開き、カレを迎え入れる。

硬いままだ。よかった。がんばって。

私もイキたかったが、それよりもカレに気持ちよく出してほしいという思いのほうが強かった。

カレが私を抱きしめながら、腰を使う。バックでイキそびれたので、少し乾いていた。潤うまで我慢する。

このキツキツ感もいい……。

「痛くないかい？」

カレのこんな気遣いも好きだ、と思っただけで、一気に滑りがよくなった。スピードを上げたカレは、射精に向かい、激しく抜き挿しする。

いい……もうちょっとでイクから……いっしょにイキたい……。

「ううっ……出そうだ、マキちゃん」

カレが腰を引き、おなかの上に熱いものを噴射した。

「出た。久しぶりにカイカーン」

カレは、いつものようにフェイスタオルで私のおなかの上の熱いものを拭おうとした。

「ね、マキちゃん、見て見て」

またイキそこねてボーッとしている私を呼ぶ。私はやっとの思いで上半身を起こした。

おなかを見ると白濁した液体。じんわりと熱も伝わってくる。

「出たね。気持ちよかった？」

「ああ、最高。マキちゃんのおかげだなあ」

久しぶりに会ったのに、私の快感の火は中途半端に燃えただけ。少し残念な感じが残った。

「二カ月ぶりだから、ちゃんと出たんだろうな。これからは出ないことも多いかも」

カレは、それでも会ってほしいと言う。長いつき合いだし、私も会いたい。

「マキちゃんがイクのを見たい。イカせたいんだ。それでいい？」

「私だけがイクの？　なんか恥ずかしい」

射精しにくくなっているカレ。でも、私だって体調がおかしい。これからどんなデートになるのか、話し合っておく必要がある。

私は、なるべくいっしょにイキたいと、カレにお願いした。

「マキちゃんは敏感だから、イクときはわかる。でもイクッって言ってくれたら、出るかも」

私はエッチの最中は、なにも言わない。昔、安アパートに住んでいたとき、隣の声が聞こえてから出さなくなった。

カレが求めるなら、イクって言ってみようかな。

「わかった。言うように努力するね。できるかなあ」

「マキちゃんの喘《あえ》ぎ声が、すごく色っぽくて好きだから、プラス効果あるかもね」

喘ぎ声は自然に出ちゃうけど、イクは自分でタイミングを決めなければならない。

世の中の女性たちは本当に、そのときにイクって言っているの？

「そうだね。わざとらしいのはいやだな。喘ぎも同じでしょ。ＡＶ見ても、しらけるよね」

私はできるかぎり「イク」と言うことにした。それはカレに出すタイミングを促す気遣いだと、自分に納得させた。

イキづらくなっている私への対策は、意表を突くようなエッチはやめる、となった。マンネリかもしれないが、いつもどおりが安心してイケるのだ。

当たり前のことばかり。でもお互いに気遣いを忘れなければ、どんな違ったかたちになっても、気持ちがいい時間を過ごせる。

さて、次のデートはいつかな。

挟まれて、麩菓子

東京都・主婦文筆業・五十一歳・女性

ドレッシングのボトルも使える、と気づいた夜、サラダがおいしく感じられた。翌日、使いかけのドレッシングを持っていった私に、先生は、

「ノンオイルか。オイル入りじゃないと、ぬめりが足りねえよ」

一瞥《いちべつ》して突き返し、机に向きなおった。節がなく、溶けかけのお餅みたいな手で、絵を描きつづける。

ドレッシングのボトルより大きそうなあれを、苦しそうにほおばる女の人の顔。圧迫されてつぶれたふたつの乳房のしわやたわみが、不格好なのになまめかしい。

私は先生のずんぐりした背中にむしゃぶりつきたいのを、懸命にこらえた。

「ドレッシング……誰かに突っこんでみるか。突っこんでからドレッシングをかけて

いつもおなじだ。先生のペニスを舐《な》めるか、逆がいいか、聞いてみなきゃだな」

「先生、お昼の用意ができました。サラダもあります」

先生がGペンを置き、私の横を素通りする。昨夜は徹夜だったのだろう、ポロシャツにはスクリーントーンの欠片《かけら》が貼りついているし、髪は数本ずつ束になって脂の匂いを放っている。

シャンプーする前に私が舐めてあげたい。先生は官能漫画家で、私はアシスタント。食事も作るし、ネタも提供する。先生のためならなんでもやる、ブスでデブな、底辺の女だ。

早朝の満員電車、ドア付近のつり革を握りしめ、カーブのタイミングでおおげさに体をひねる。足がもつれたふうをよそおい、座席に腰かけた中年男性の太ももにお尻をのせた。

「すみません」

あやまりつつ体をくねらせ、中年男性の腕に乳房をこすりつける。

中年男性の股間が硬くなったのを見はからって、私は股をひらき、ハンドバッグで隠した指をあれの先端にはわす。

中年男性の鼻息が荒くなって、私の首すじを濡らした。

「それで?」

先生が羽ぼうきを私のあごに向ける。

「それで、こういうハプニングから痴女が誕生するのかもしれない、って思ったんです」

消しゴムのカスを払うための羽ぼうき。先生が使うのは本物の鴨《かも》の羽でできている。繊細な羽で乳房や乳首を撫《な》でられたら、どんな心地になるのだろう。

「おまえの感想じゃなくて、そのあとその中年男性とどうなったか聞いているんだ」

どうにもなっていない。私はうつむいた。Fカップの胸の奥が、どくどくと脈打つ。

「意味ねえな。そのままホテルにでも連れこまなきゃ、ネタにはならねえ」

「じゃあ、明日また、チャレンジしてホテルに連れこみます。同じ電車じゃまずいから、地下鉄で」

「もういいよ、誰かほかの女にやらすから。腹へった、昼メシにしてくれ」

はい、と私はキッチンに駆けこむ。

今日のメニューはサラダそうめんだ。タンパク源は蒸したチキンにゆで卵。ドレッシングはオイル入りにした。デザートには麩菓子《ふがし》をそえる。

先生は覚えているだろうか。ちょうど一年前の晩夏、先生と私の出会いを。

一年前、二十歳になった夏に母親が再婚した。美貌はからきしだけれど、若さだけはあった私に恐れをなしたのか、母親が私に出ていってくれと懇願した。

渡されたのは、なけなしの残高が印字された預金通帳と、必要最低限の衣類が詰まったキャリーバッグだった。

それが私の全財産で、頼るべき縁者も友人も恋人もいなかった。あてどなく歩き、駄菓子屋で安い麩菓子を買って、公園のベンチで途方に暮れていた。

包装紙を剝《む》いた縦長で赤黒い麩菓子を、食べるともなしに胸の間に挟んでいた。甘い匂いが鼻をくすぐったので、舌をのばして舐めようとした。

「お嬢さん、そんなことしていると、悪い男に襲われてしまうよ」

色が白くて小太りで、大きなマシュマロみたいなおじさんが少し離れた場所で微笑《ほほえ》んでいた。私が首をかしげると、

「それ、その麩菓子。それが男の人のあれに見えるんだよ」

あれ……あれが、いわゆる男の人のあれだと気づいたのは、おじさんが指で鼻をこ

すってはにかんだからだ。

私は麩菓子を両手で包み、とっくりと眺めた。その様子に、おじさんは苦笑した。

「あのね、お嬢さんみたいに胸の大きい女の人の胸の真ん中で、それを挟んでしごいてもらいたい、っていう男の人が、そういう妄想をするの」

「そうなんですか」

男の人のあれとか、しごくとか、今夜泊まる家もない私にはどうでもいいことだった。むしろお金がもらえるならしごいてもいいとすら思った。

「だからお嬢さん、暗くならないうちに早く家に帰りなさい」

おじさんは、半径一メートル以内には近よらず、私を諭した。

「あの、もし私がしごいたら、お金がもらえるのでしょうか。私の胸はお金になるのでしょうか」

「え?」

「私、帰るところがないんです。家も仕事もないんです」

口に出すと、悲惨な状況が現実味を帯びてきて、とたんに悲しくなった。麩菓子を抱きしめ、私はべそをかいた。

「なるほど。お嬢さん、絵は描ける？　それか料理できる？　よかったら、おじさんの手伝いをしてくれるかな」

うなずく以外、私になにができただろう。

今夜、このおじさんのあれを胸に挟んでしごくのだ、と私は覚悟を決めて、おじさんについていった。

「なんだ、この麩菓子」

お皿にのせた麩菓子を横目に、先生はそうめんをかきこんだ。

先生は、一年前のことなど忘れてしまったのだ。

先生に拾われた日の夜も、その次の日も、数カ月後も……一年後の今日まで、先生は私に指一本ふれていない。

拾われた日から数日は自宅の部屋を私にあてがい、やがて給料の前払金でアパートを借りてくれて、保証人にもなってくれた。

一年間休まず、私は先生宅に日参し、漫画の手伝いや食事の支度をこなした。

公園で出会った謎のおじさんが、官能専門の漫画家だったのは意外だけれど、最初に出会った印象のまま、先生は常に紳士的だ。

言葉遣いは荒くても、私をひとりの人間として尊重してくれる。九時から十八時まで仕事と食事以外の家事はさせないし、素性も探らない。

先生の絵やストーリーにも先生の性格は如実にあらわれていて、先生が描く女の人はおなかのたるみもあるし、膝や肘も黒ずんでいるし、授乳した乳首は垂れ下がっているし、美人ばかりでもない。

でも、不思議と艶っぽくてきれいなのだ。きっと先生が、女の人はそれぞれみんな魅力があると知っているからだ。

「麩菓子は、男の人のあれに似ています」

先生のお茶を入れながら、私は言った。

「そうか」

先生はゆで卵を咀嚼《そしゃく》する。

ドレッシングのボトルは誰かで試したのですか。と聞けずに、私はオイル入りのドレッシングを見つめて、唇をかんだ。

夜、アパートの部屋で服を脱ぐ。全身が映るスタンドミラーの前で裸になる。

このスタンドミラーは、引越祝いに先生が買ってくれたものだ。およそ私にそぐわない贈りもので、先生の真意はわからない。とはいえ、私にとって、これは先生の分身なのだ。

いまみたいにお風呂に入る前や、朝、着がえるときなど、先生の目が私を検分していると思うだけで悶《もだ》えてしまう。

背が低く、手足も短く、生まれたての赤ん坊がそのまま大きくなったような私の体だけど、肌理《きめ》細やかな肌は色白で、汚れがない。

母親すら恐れた若さゆえ、乳房もお尻ももっちりと弾力があって、熟れたメロンみたいにかぐわしい。

スタンドミラーの中の私と向き合い、両手で乳首をつまむ。親指と人さし指でひねり、転がし、はじく。自然とため息が漏れる。

先生の分身の前で自慰行為をするのが、いつしか私の日課になっていた。毎朝毎晩、自分で自分のスイッチを開発する。

今日は敏感な部分をよりいっそう敏感にしてみようと、先生が使い古したGペンの先を乳首に刺した。

ペン先の先端を乳首の先端に刺すやいなや、たちまち膝が折れた。畳の上でカエルのようになった両脚を押しひろげ、今度はGペン先のくぼみ部分にクリトリスをはめこみ、上下にこすりつけた。

最初は摩擦でひりついたけれど、瞬く間に濡れ、クリトリスも肥大した。

興奮してきた私は棚に手をのばして、先生が使い古した彩色用の筆を取り出した。

「先生、気持ちがいいです」

筆の軸をバギナに挿入した。ゆっくりと出し入れすると、くちゅ、くちゅと音がする。

私には男の人のあれや、あれみたいな太いものを挿入した経験がないから、小物でしか勉強できない。

いつかもっとがんばれば、先生は私をネタにしてくれて、私を必要だと、私じゃなきゃだめだと言ってくれるだろうか。

「先生、好きです」

スタンドミラーの中の私が、目を潤ませて、泣いていた。

先生の自宅は一軒家で広く、一階が仕事場と応接室、二階が、プライベート空間になっている。

月に何度か女性編集者が訪ねてきて、先生とふたり、応接室で数時間を費やした。

「先生が描く女性はつつましやかで、でもときに大胆で、私から見ても憧れますわ。どなたか、モデルがいらっしゃいますの？」

応接室の前で聞き耳を立てていた、私の神経が逆立つ。

猫なで声で、先生を誘っているのだろうか。ソファは寝転がるにも十分だし、寝転がらなくてもフェラチオは可能だ。

「そうですね。いるかもしれませんね」

先生がこたえる。声のトーンはいつもどおりだ。たぶん、この女性編集者とはヤッていない。

私は仕事場に戻り、ベタ塗りをした。先生が原稿に×印をつけてくれるので、そこを開明墨汁で黒く塗りつぶすのだ。

技術だけでも先生の美学に追いつきたいと、私は必死に練習した。いまではベタ塗りはおろか、丸ペンで点描も打てるし、簡単な背景やモブシーンも描ける。

できることならなんでもやるのに、女の部分は使ってもらえない。原稿を黒く塗りながら、私は私の心も黒く塗りつぶしていた。

十八時に仕事が終わり、まっすぐ帰宅すると、十八時半にはアパートに到着してしまう。ひとりでいてもさみしく、自慰行為しかやることがないので、可能なかぎり私はネタ発掘に奔走する。

先生に強要されたわけではない。ただ私は先生に恩返ししたいだけなのだ。

最寄駅からふた駅先の、寂れたコンビニにあたりをつけた。あらかじめトイレを借りて、パンティーを脱いでおく。

男性店員が品出しをするのを見はからい、去る直前に、わざと口紅やらアイシャドーやら、メーク用品を床にぶちまける。

「ごめんなさい」

「ああ、いいです。自分で片づけますから」

私がしゃがむのと同時に、男性店員もしゃがみこむ。年は三十歳前後、地味であか抜けず、たまっていそうな男の人だ。

男性店員が床からわずかに顔を上げる瞬間をねらって、私はM字形に股をひらく。

ほかの客も店員もいない。防犯カメラは死角になっている。驚いた男性店員は口をあんぐりとあけたが、真っ赤になった顔は怒りのそれではなかった。

「私、トイレでもいいです」

すばやく、男性店員の手首をつかむ。トイレには、とうぜん監視カメラはない。いちおう、さっき確認しておいた。

「え、いや、あの」

「いいんです、私。トイレでさっさとしましょう」

イケていないのを自覚し、どんな男の人のあれでもいいから早く処女をなくしたいと願う女は、こういうかたちでいたす場合もある。きっとあるんだと自分に言い聞かせ、私はことに及ぶ。

トイレのドアをしめると、ためらいがちだった男性店員は俄然《がぜん》やる気になった。私の腋《わき》の下から腕を滑りこませ、Tシャツの上から胸を揉《も》みしだく。力任せなやりかたは、慣れていないのが一目瞭然だ。

先生の漫画では指をリズミカルに、ピアノでも弾くようにやさしく交互に動かしていた。

乳首の先端にあてるときはスタッカート、乳房はフォルテシモ。そうすると女性はうまく泣き、ほどよく潤うのだと先生が教えてくれた。

男性店員の下半身が腰骨にあたって痛い。ぐいぐいと押しつけられ、右手の置き場に困った私はしかたなく蛇口をつかんだ。

男性店員が私のスカートをたくしあげ、茂みをまさぐる。

そこも、そうじゃない。

人さし指でクリトリスを上下二往復させてすぐに中指をバギナに刺すなんて、自分勝手もはなはだしい。まだ泣いてもいないし、潤ってもいない。

だって、順番が違う。女の人の性感帯は広くて遠く、たどりつくまで男の人は迷い道を楽しまなくてはいけない。

首すじや耳たぶ、鎖骨、うなじ、おへそ、尾骶骨《びていこつ》。女の人の快感部分は宝探しだ。吐息や舌先で十分にいたわり、ときにじらすようにいたぶって、皮膚から準備運動させて、芽吹いてくるのを待たなくてはいけない。

そう先生が教えてくれた。

目をとじて、先生のねっとりと汗ばんだ額や、むくんだ手や、座りっぱなしの姿勢のせいで、いつもポロシャツがはちきれそうになっているおなかを思い浮かべる。

荒っぽい言葉を使うくせに、ぜったいに私自身を罵倒しない。私をひとりの人間として扱い、残酷なまでに、ひとりの女の人として扱わない。

エッチでさえないおじさんの先生。

「おまえ」という声を頭の中で反芻《はんすう》したら、私の皮膚が身震いした。男性店員の粗野な指遣いに、不覚にも感じてきてしまう。

「入れていいんだよね、ね？」

洗面台の鏡に映った私の目が、拒んでいた。先生の役に立ちたいのに、あとひとふんばりで、先生に褒められるのに。

「よくやった」って、先生の手が私の頭を撫でてくれるかもしれないのに。

そのとき、レジのほうから声がした。

「すみません、お会計お願いします」

私は男性店員を振り払い、トイレを飛び出した。

夜風には秋の気配が含まれている。乾ききらないあそこに、ひんやりした空気が侵入する。

私の頭は真っ白なのに、体だけが勝手に先生宅を目指した。息を切らして、ひたすら走りつづけた。

仕事部屋だけが、孤独に明るかった。玄関のインターホンを押す。携帯電話を見ると、二十時になろうとしていた。

「どちら様ですか」

「先生、私です」

すぐにドアがあく。

「なんだ、おまえ、どうした？」

「先生、私……がんばったんです、途中まで。私、本当にがんばったんです」

「いいから、あがれ」

先生が私の腰を盗み見した。Tシャツの裾がスカートからはみ出ている。

先生がホットミルクを作ってくれた。仕事部屋の私の机に、マグカップを置く。

「それで、なにがあったんだ」

「私、コンビニの男性店員を誘惑したんです。トイレでパンティーを脱いでから、男性店員の前で股をひらきました。それで、トイレに連れこんで、それで」

先生が仏頂面になる。

「それで私、あと一歩で成功するってところまでいって」

先生が腕を組み、足の爪先を椅子に何度もぶつける。

「先生に褒めてほしくて、先生の漫画の役に立ちたくて……」

ホットミルクの湯気が、私の涙腺をゆるませる。

「私、できなくて。逃げてきて。ごめんなさい。私、なんの役にも立たない」

ひとりの女として、先生の役に立ちたかった。漫画ではなくて、本当は先生の、ひとりの男の人としての先生の、役に立ちたかった。

「おまえは、ばかなのか？」

「え……」

「美愛《みな》は、どうしてそうなんだ。つつましいくせに大胆で、ばかで、どうして」

美愛。私の名前。先生がはじめて、名前で私を呼んだ。

先生が頭を抱えている。

「どうして、そんなにかわいいんだ」

かわいい……私が？

「……先生？」

恐るおそる先生に近づいたら、先生のズボンがふくらんでいた。

先生はもしかしたら、我慢していたのだろうか。私よりも二十歳以上年上の先生。

私がそっと先生の頭を抱きしめると、先生が私のTシャツの裾を、スカートに入れた。

「もう二度と、危ないことはするな」

「じゃあ、先生が、危ないことをしてください」

先生が生唾を飲みこむ。

「私、先生としたいんです。一年前、出会ったときから、したかったんです」

先生が、観念したというように首を垂れた。

「俺も、一年前から、麩菓子になりたいって思ってたよ」

先生、覚えていたんだ。

私はうれしくて、先生の太ももにまたがって、先生の顔じゅうを舐めまわした。

脂っぽい額、お多福みたいな頬、ひげがざらつくあご。どこをとってもいとおしい、私の先生。

先生が私をお姫様だっこして、二階の、プライベート空間に連れていく。

先生のベッドルームはシーツやタオルケットがぐちゃっとまるまっていて、ちょっと生臭くて、女の人がいないことを物語っていた。

先生が私を、ベッドに押し倒す。ためらいがちに私のTシャツを脱がし、ブラジャーをはずし、乳首にむしゃぶりつく。

漫画みたいにやさしくも、繊細でもない、夢中で吸い、舌先で転がし、ぎこちなく扱う。

本能のままの行為が最高にいとおしく、私の全身をふるわせた。

「先生、先生の麩菓子、挟んで」

私は両手で、乳房のまんなかに隙間をあけた。先生がおずおずと、そこにあれを挿しこむ。

麩菓子なんかよりずっとかたくて立派な、私だけの先生。

「こうしてるだけで、逝《い》きそうだ」

私の上で陶酔している。私は指先に唾液をのせ、あれの先端に円を描いた。先生の表情が恍惚《こうこつ》から苦悶《くもん》に変わり、あれを私の胸で上下させた。

「先生、逝ってください」

「そんなもったいないこと……」

先生が私の太ももを肩にのせ、私の、ぷっくりふくれた秘密の沼地をこじあける。あたたかい蜜をじゅるじゅるとおいしそうに舐め、舌先を奥へ奥へと進ませた。

「すごいな、どんどんあふれてくる。ほら、こんなほうまで」

かたくした舌先で、アヌスを時計まわりに何周も舐めあげる。

「もうだめです。先生、私、逝っちゃいます」

「逝くときはいっしょだ」

先生の赤黒いあれ、太くておいしそうなあれが、よだれを垂らした下の口に挿しこまれる。

はじめはゆっくり、じょじょに速度をはやめ、先生自身の形を私に記憶させるように、何度も何度も出し入れする。

私の蜜がほんのりと赤く染まり、シーツに花を咲かせた。

「痛くないか？」

「大丈夫です。しあわせです」

私の下の口は、まるで食虫植物だった。一度食いついたら放さない。ずっと夢見てた、先生とのセックス。

美愛、美愛、美愛。

先生が、腰の動きと同じリズムで、ため息まじりに私の名前をつぶやく。舌と舌、あそことあれがからみ合う。やがて私の中に液体がそそがれ、先生が果てた。重なり合ったふたつの身体は、境目がなく、ひとつだった。

「美愛、おまえ、自分のこと、ブスでデブでイケていないって思っているだろう」

「はい」

「美愛、世の中にはな、ブスでデブでイケていない女なんてひとりもいないんだ。美愛はつつましくて大胆で、かわいくて、いい女だ。わかったか」

「……はい」

先生が私の頭を撫でると、私の目から涙がこぼれた。

先生との関係は、一度きり。翌日からもとの紳士的な先生に戻り、私にふれようとはしなかった。

やがて私は少女漫画家になり、結婚した。いまは専業主婦で、子供もひとり。中学生の女の子だ。

私は四十歳になった。先生は還暦をこえてもなお、現役の官能漫画家として活躍している。相変わらず、どこにでもいる女の人が主人公で、特別美しくも、完璧でもない。でも、不思議と艶っぽく、そそられるのだ。

先生がくれた、私だけのセリフを糧に、私は今日も、女を生きている。

ダビデ像と私

滋賀県・会社員・五十歳・女性

私の性への目覚めは小学校三年生。テレビで目にしたミケランジェロのダビデ像に、なんともいえない胸のざわつきを覚えた。浮き出た血管、やわらかな体つき、見あげたときの頭でっかちな感じ。なにより息をのんだのは彼の股間で、私は神秘的なものを強く感じたのだ。

それ以来、さまざまな媒体でダビデ像を見ては下腹部が熱くなり、私のオナニーのおかずとしてダビデはずっと英雄だった。

そんな早熟だった私、杉本沙帆《すぎもとさほ》。百六十センチ、四十八キロ、Cカップ。背中にかかるほどの黒髪、はっきりした二重の目、少し下ぶくれの頬、ぽってりした唇。お尻と太ももがむっちりしているおかげで、ふくらはぎがきれいに見えるらしい。

年配者からは、コメットさんのころの大場久美子《おおばくみこ》さんに似ていると言われ、三十年来の親友の美佳《みか》には、

「外面はいいけれど、心を閉ざすことも開くこともない、難しい性格だ」

と言われている。

おまけに四十歳を過ぎてから性欲のコントロールが利かない。独身、彼氏なしの熟女には体裁の悪い問題だ。

「ムラムラするのって、更年期じゃないの?」

美佳はなんでも更年期のせいにしたがるが、私には原因がはっきりとわかっている。

十年前にどっぷり溺れた男性、岡田健介《おかだけんすけ》。システムエンジニア。百七十五センチ、六十五キロのせい。

黒髪のふんわりしたくせ毛、まつげが長く、黒目が大きい小型犬のような潤んだ瞳。通った鼻すじとピンク色の薄い唇。肩幅は狭いほうだが、細マッチョで浅黒い肌。ウエストが引きしまっていて、足長に見える。

その体の中心には、ダビデ像を彷彿《ほうふつ》とさせるイチモツ。そう、まさに彼は私の性的興奮を満たすダビデ像的魅力を放っていた。

さらに彼の声も、私の理性を簡単に奪った。

「どうしてほしいか言って」

ベッドの上でささやき、恥ずかしがる私から卑猥《ひわい》なせりふを引き出す天才だった。

彼との三年半、私の体は化学反応を起こし、三十代後半を濃厚なセックス三昧で過ごした。

彼と別れたあと、数人と関係を持ったが、彼とのセックスのように細胞レベルでエクシタシーを感じることはない。

彼の滑らかな素肌の触り心地、圧倒的な太さを生かした挿入感、じらすテクニック、深くつながる感覚、ふたりで動くタイミング。

いまだに彼を思うだけで、下半身が恨めしくなるほど疼《うず》くのだ。

そう、あれは三十五歳のとき。親友の美佳が四年間交際していた男性と結婚した。

披露宴とまではいかないけれど、簡単なパーティーをするから、必ず参加するようにと念を押された。

「出会いがあれば、逃さないように」

と、強く言われていた当日。寒波が関東を襲撃し、雪こそ降らないが、ひどく寒い朝だった。

会場は、JR大宮《おおみや》駅から徒歩七分ほど。

水色のレースのタイトなワンピースを着て、髪をぴしっとアップ。濃いめのアイメークでクールビューティーを強調する。

十年ぶりの同級生たちは左薬指に結婚指輪をはめ、子供の話、パートの話で盛りあがる。

「沙帆は？」

「私はまだよ」

てきぱき動く同級生に驚きつつ、まわりを見ながらあとをついていく。私たちはちょうど真ん中のテーブルを陣取った。

「それでは新郎新婦の入場です」

「うわ、きれい」

大きな歓声と、拍手が湧き起こる。純白のドレス姿で新郎と見つめ合う美佳は、本当に幸せそうだ。

立食パーティーとはいえ、それぞれの友人の祝辞や余興もあり、参列者全員が笑顔でふたりを祝っていた。

新郎は私たちの三つ上。きっと友人たちも同世代だろう。

スーツ姿は男性を魅力的に見せるし、立食スタイルでは上品さも垣間見《かいまみ》える。

新郎はサッカー部だったという。みんなスタイルもいいし、明るい男性が多い。

そのとき、うしろに座っていた両家のご両親に、あいさつをする男性の声が聞こえた。思わず私はその声のほうへ視線を向けた。

声がたまらなかった。低音でゆっくり話すテンポが心地よく、ずっと聞いていたくなる声だ。

ほんの数秒だけ声の出所を目で追ったつもりが、その声の持ち主は私の視線に気がついた。

その表情は、私のような女が苦手だといわんばかりの愛想笑い。

会釈をされたような、されてないような……。

あとから聞けば、美佳にもこんな気の強そうな友人がいるのだと、驚いたらしい。

私と彼が会話を交わすことはなく、そのままパーティーはお開きの時間になった。

「二次会に行く人は、三階のバーに移動してください」

司会の男性が女性陣に参加を促している。美佳の幸せな姿をまだまだ見ていたい。

「沙帆、ごめん。私たち帰るから」

同級生たちには家族が待っている。

新婦以外に誰も知り合いがいない二次会を、私は楽しめるのだろうか。

あのいい声の彼が来たら、隣を陣取って耳の保養でもしようかと、のんきなことを考えながら私は足早に会場を出た。

エレベーターのボタンを押そうとすると、すっとうしろから先にボタンが押された。

「二次会ですか」

「はい」

彼とはじめての会話。ほかの友人が次々と乗ってきて、エレベーター内は五人の男性と私になる。数十秒の静けさに、自分の興奮を押し殺す。

三階に着き、最後にエレベーターを降りようとすると、

「どうぞ」

彼が私を先に出した。

「ありがとうございます」

会場で自然と隣に居座りたかったが、彼は友人たちといっしょにステージに近いテーブルへと向かった。

先ほどのパーティー会場とは違い、大人の社交場のよう。

ここでも新郎の友人が大活躍で、場を盛りあげている。

お酒も入り、緊張感がなくなり、参加者どうしが自己紹介をし合い、まるで学生時代のコンパに戻ったようだった。

「美佳ちゃんの友達だよね」

私のまわりにも新郎の友人たちが次々やってきて談笑する。そこに美佳が駆けつけた。

「沙帆、どう。楽しんでくれてる？」

私がひとりで参加しているのを、美佳は気にしていたようだ。

「すてきなパーティーで感動してるよ。いい声の人、発見したし」

「えっ、誰？」

美佳の耳もとで伝える。

「ああ、健介君だ。彼の高校時代の後輩だよ。確か、同級生か一個上。たぶん独身で……」

美佳の話を最後まで聞きたかったが、新郎から声がかかる。美佳は、そっと目くばせをして席に戻っていった。

するとひとりになった私に、その健介君が近づいてきた。

「寒くないの？」

「私？　大丈夫です」

私の薄着を心配したようだが、本当は話すきっかけが欲しかっただけらしい。

それを知らない私は、隣から動かない彼の声に勝手に陶酔しはじめる。ふだんあまり酔わないのだが、明らかにほろ酔いで機嫌がよい。

「同じ年なら、沙帆ちゃんて呼んでいい？」

「うん、じゃあ、私も健介君で」

二次会、三次会とふたりの距離を縮める時間は十分にあった。必然的にお互いの恋愛事情にも話が及ぶ。

「三年ほど彼女はいないんだ」

「でも、モテるでしょ」

「君ほどじゃないと思うけど」

彼が浦和《うらわ》在住で、南浦和《みなみうらわ》の私とは近いのも、これからにつながりそうな偶然だと思った。

気づけば夜の七時。お開きの時間だ。

「気をつけて帰ってね。沙帆、電話するから」

健介君と並んで見送る私に、美佳が意味深長に微笑《ほほえ》んでいた。私が健介君の隣でリラックスしているのが不思議なのだろう。

確かに、久しぶりの楽しいお酒の場でほんの少しはしゃいでいた。これから家に着くまでに、ふだんの自分に戻ろうと思った。

「沙帆ちゃん、なんで帰るの？」

「電車で」

「じゃあ、いっしょに出よう」

新郎の友人たちも、いい感じに酔っている。

「なんだよ、健介。おまえ、美人をお持ち帰りかよ」

「そうですよ、うらやましいでしょ」

そんな冗談を言いながら、私たちふたりがビルの入口に最後に残った。

「やっぱり、タクシーで帰ろうか」

「タクシー？　私はなんでもいいけど」

このときはまだ、私にも余裕があったと思う。

「南浦和なんですが、浦和でひとり降ります」

そのひと言が、私の中のなにかを駆りたてた。彼の声をもう少し聞いていたい。

「私、なんとなくまだ飲みたりない気分かも」

「そうなの？　俺も」

私は南浦和、健介くんは浦和に住んでいる。二次会から帰宅するタクシーにいっしょに乗り、飲みたりない……いや、まだ帰りたくない気持ちを伝えた。

「飲んでいく？　少しだけ」

「え？」

彼の目も真剣だ。彼の右手が私の左手を握った。

「運転手さん、すみません。浦和で、ふたりとも降ります」

「かしこまりました」

運転手はルームミラーで発情する私を見たかもしれない。

車内に漂う空気が、これから愛し合うかもしれない男女のそれに変わりはじめた。

じんわり汗ばむような温かい手に握られ、胸の鼓動が高まる。それからの時間、なにを話していたかはあまり記憶にない。

ただ、彼の声にはやっぱり色気があり、そのせいで私の脳波が乱れはじめたことは間違いなかった。

タクシーを降りると、冷たい空気が気持ちいい。

「ここの七階」

どこで飲みなおすかは一目瞭然だった。

彼がマンションを見あげ、私の左手をとった。不覚にも私の手がうれしさを隠せない。

「どうしたの?」

「男性の右側に立つのが慣れなくて」

「そうなの? 俺左利きだから、沙帆ちゃんにはこれから慣れてもらわないとね」

「左利きなの?」

「そうだよ、気づかなかったんだ。ははっ」

ふたりに未来があると匂わせる会話。彼は私と関係を持ちたいのだろうか。私は彼とどうなりたいのだろう。

このときすでに、私は浮きたっていた。こんな感情が残っていた自分に、驚きを隠せないほどに。

彼の部屋は、とてもきれいに整理整頓されていた。ものが少ないシンプルな部屋。男性的だと思った。

キッチンの電気だけをつけているせいか、リビングに反射された光が男女の影を作る。

「コート、貸して」

彼が私のコートをハンガーにかける。どこに座っていいのかもわからず、突ったっているだけの私。

「沙帆ちゃん、こっち来て」

彼が私を手招きをし、ぎゅっと強く抱きしめた。彼の胸もとに顔を埋《うず》め、背中に手をまわすだけで幸福感に包まれる。

ゆっくりと彼の顔が近づき、彼の唇が重なった。想像どおりのやさしいキス。冷えた頬が、一瞬で紅潮するのがわかる。

「ふうっ」

やわらかい唇が本当に気持ちいい。ちゅぱちゅぱと静寂の中に響く卑猥な音が、ふたりの欲情を加速させる。

「ずっと、キスしていられそうだね」

私はとても欲情していた、パンティーの湿り気がはっきりとわかるほどに。

友人の結婚パーティーで男の人と知り合って、その日に寝るなんて二十代でも笑われるのに、私たちはとても止められそうにない。

そして、止める気もないのはなぜなのだろう。

「このワンピース、すごく似合ってる」

首すじに唇をはわせ、耳もとでささやかれるだけで体が火照る。

一刻も早く彼とつながりたいと思う私は、彼のネクタイに手をかけ、するっとゆるめた。

「健介君もネクタイが似合う」

「そうかな、言われたことないよ」

唇と舌で遊びながら彼はネクタイをほどき、ふわっと私にかけた。

「似合うじゃん、今日の雰囲気にぴったり」

「なに、このプレイ」

彼が私をそのまま壁に押しつけ、私の顔をのぞきこみながらネクタイを結びはじめる。ほどよい筋肉質の彼の腕が、私の視界に入りこむ。そのわりに、細くてきれいな指がアンバランスな気がして心が刺激される。

「左利きってさ、ちょっとエロい」

にやりと笑いながら、彼がワンピースの背中のジッパーをゆっくりと下ろした。

「ちょっと、やだっ」

そのまま私の両手を上にあげ、ワンピースが脱がされる。

ラベンダー色のブラジャーとおそろいのレースのパンティー。そこに彼のネクタイ。まだパンストもはいたままなのに。

ブラジャーから硬くなった乳首がぽろっとはみ出そうなほど、彼の視線が私を高ぶらせていた。

「あんまり見ないで……恥ずかしい」

「わかった」

そう言いいながら、耳たぶを甘噛《あまが》みされ、舐《な》められる。耳への刺激がこれほど効果があるなんて知らなかった。

「ああっ」

立っているのがやっとだ。体に力が入らず、彼に抱きつこうとするが、彼はぐっと壁に私を押し戻す。

「沙帆ちゃん、こういうの好きなんだ」

「ち、違うから……ほんとに恥ずかしくて。お願い、パンストだけ脱がせて」

「あれ、かわいいこと言うんだ。でも、いやだよ」

彼がシャツを脱いだ。その上半身はほどよく引きしまり、すべすべの肌が密着感をあげる。

そのままズボンを脱ぐと、ボクサーパンツの中心がふくれあがっていた。

私が思わず股間に手をやろうすると、彼が座りこみ、両手で右脚のふくらはぎを、すっぽり包みこんだ。

下から上へ何度もフェザータッチでなでられると、とても立っていられない。

「あぁ……気持ちいい、パンストが……」

「どんな感じか、言ってみて」

「ううっ、その……あぁ、ぞくぞくするの」

「じゃあ、これは?」

彼が膝のうしろに唇をはわせ、そのまま太ももまで舌で舐めながら秘部に息を吹きかけた。

「だめっ、あぁ、あっ」

「ちゃんと立って」

ただ足を触られただけなのに、全身のうぶ毛が逆立つ。執拗《しつよう》に彼が私の両脚を責める。

乳首もクリトリスも突起し彼からの刺激を待っているのに、おあずけ状態で私の理性が壊れはじめた。

「ねえ……早く、な、舐めて」

「えっ、聞こえない」

「お願い、ち、乳首……」

自分が信じられなかった。初対面の男性にこんなせりふを言うなんて。

彼は左手でブラジャーをはずし、ストッキングも奪い、私をネクタイとパンティーで立たせた。

「あれ。まだなにもしてないのに、なにこれ」

わざと耳もとでささやく彼は、私の体が自分の声でどう反応するのか見破ったのだろう。

「もう、びしょ濡れじゃん」

パンティーのクロッチ部分が愛液でさらにまるまって、完全に一本のひもになり、割れ目に食いこんでいる。

鎖骨から浴びせられる舌のいたずらが、勝手に私を絶頂状態へ近づけていた。

「あぁ、いい、すごく、あああっ」

「まさか、もうイキそうなの？　だめだよ」

「いやん、うっ、あ……そっそれ……」

彼が舌でやさしく乳首をこりこり弄ぶ。ネクタイが素肌に触れ、くすぐったい。

あまりの快感に、私はもうどうにでもなれと思っていた。

彼の指先が湧き出る蜜をすくった。そして、そのままクリトリスをつんつんとつっつく。

ゆっくり指を侵入させ、ずっぽり奥まで突き進む。

「ああん、あぁ、そこ、あぁ」

いままで感じたことのない、壁をトントンと刺激されている感覚。長い指が私の中をかきまわす。

「指、いいの?」

「う、うん。気持ちいい……」

「なんか、ひくついてるけど」

湧き出る愛液のとろみが、太ももに伝わっていた。まったく痛みを感じない指技に、私の絶頂が近づく。

なにかが弾《はじ》けそうな感覚に、羞恥心が襲いかかる。

腰が砕けるというのだろうか。彼の胸の中に倒れこんだ私を彼がソファに倒すと、一気にすべてを脱ぎ去り、抱き合った。

暴発寸前のペニスはぬるぬるとテカっていて、熱を放出している。たくましくて神々しいという表現がぴったりだと思った。

「少しだけ挿《い》れるよ」

彼が亀頭をぎゅっと入口にあてがうだけで、私はじっとしていられない。

「ああ、お願い……あぁ……もっと」

「だめだよ」

そう言われても、私の腰は勝手に動き出し、簡単にペニスを、奥まで受け入れてしまった。

「あぁ、いい、あっ、いいっ、イッちゃう」

私が動きを止めると彼がひくつき、彼が動きを止めると私がひくつく。キスをしたり、気持ちをどうにかそらそうとしても、彼のペニスが私の中でぴくんぴくんと震え動き、よけいに快感の波が押しよせる。

「どうしよう、もう、あぁん、だめ、そこ」

「あぁっ、もうだめだよ」

彼がピストンを速めた。その刺激は一瞬で絶頂へと導き、私は頭が真っ白になった。

「イク、イク、イク、ああ」

時間が止まった感覚だった。

どくどくと大量の白濁液がおなかの上に水たまりを作り、その生ぬるい感触が私を冷静にする。

「ちょっと燃えたかも」

彼の声から照れくささを感じる。私は閉じていた目を開け、彼を挑発する。

「まだ欲しいの？ ちょっと待ってよ。回復するかな」

彼は笑いながら立ちあがり、全裸のまま冷蔵庫に飲みものを取りに行った。

「沙帆ちゃん、飲む？」

ペットボトルの水を私に差し出し、ベッドに寝転がったと思ったら、もう私の乳首をペロペロと舐めている。

「うっ、はぁっ、あぁん」

大人の恋愛には無駄な言葉は必要ない。手と手、指と指、唇と唇で会話をし、愛を深めればいい。

私は手のひらで、彼のずっしり重いペニスを握った。大きな袋も触り心地がよい。

「ダビデ像だ」

「え？」

「健介君の感じ、彫刻のまんま」

「ミケランジェロのダビデ？　褒めてる？」

「うん、とっても」

すでに硬くなったペニスを口に頬張ると、彼が声を漏らした。その声は私の子宮に突き刺さり、激しく乱した。

ずっと妄想していたダビデ像が彼と重なり、その興奮は異常なものだった。

結局、私たちは朝まで貪り合った。私の欲情が鎮まることはなく、彼が私に触れるだけでジンジンした。

「かなり敏感だよね」

「健介君がそうさせてるの」

彼に背後からすっぽりと抱きしめられながら、私はそんなことを言っていた。

あの夜から三年半。月の半分は彼のマンションで生活するようになった。

少しだけ秋を感じるようになった、九月の日曜日。いつものように乱れたまま朝を迎える。

「起きた？」

「まだ起きたくない」

「ねえ、沙帆とこれからずっといっしょにこうして生活したいな、公式にね」

それがどういう意味を持つのかは、背中から十分に伝わった。石橋をたたいて渡る彼らしい、自然で甘いプロポーズ。

でも、私はなぜか振り向けなかったのだ。その数秒の沈黙は、耐えられないほどの気まずさを彼に伝えた。彼の心を生き埋めにしてしまった。

「……沙帆はそうじゃないみたいだね」

冗談に変えようとした彼のやさしさ。でも、私の大好きな彼の声は、痛みを覚えた声に変わった。

結局、彼は私を不幸にしないよう、私からやさしく去ったが、私の心はしばらくの間、さまよったままだった。

二年後、彼が結婚したと聞き、私は不思議な気分だった。

妄想していたすべてを与えてくれた彼が、現実の世界からいなくなり、まるでダビデ像がアップデートしたかのような感覚。
私とダビデ像の関係は、私が一方的に妄想しているだけがちょうどよいのだ。
疼く体に、そう言い聞かせている。

秘密の伝言A・S・A・P

長野県・会社員・三十八歳・女性

私が勤務する都内の会社では、社会貢献の課外活動が行われていた。地域の清掃をしたり、お祭りに企業団体として加わったり、社外の施設を訪問して講演を行ったりという活動だ。

参加実績に応じて所属する部署に一定の評価が与えられるため、若手社員が半ば強制的に選定されるのである。

社会人一年目のひよっこだった私は、自社が海外で取り組む環境保護活動について、小学校で出張授業を行うというプロジェクトに参加することになった。

泰司《たいじ》くんと出会ったのは、その出張授業の打ち合わせである。彼は違う部署で働く、一年年上の先輩だった。

「よろしくお願いします」

お辞儀をして姿勢を正したら、眼鏡がズレてほかのメンバーの笑いを誘った。初対面から、まじめな性格なのだろうなと思える好青年である。

わが社はオフィスカジュアルを採用した職場であるにもかかわらず、泰司くんは白いワイシャツに黒のスラックスという、高校生みたいなまじめな服装をしていた。年の近い彼に、親しみを持った。

私のプロジェクトは四人で構成されていた。リーダーである課長級の四十代男性と、育児のため時短勤務中の三十代女性、そして泰司くんと私である。

リーダーは本業が激務であり、時短勤務の女性も受け持ちの仕事で手いっぱいだったため、出張授業の準備は実質的に、泰司くんと私のふたりで行うことになった。

出張授業は会社が用意した動画にそって原稿を読み、クイズや質疑応答を行うという、一見すると簡単なものである。

だがやってみると、時間内に内容をわかりやすく伝えるのは難しいことなのだと、私と泰司くんは気づいた。

それで社内のワークスペースで練習したり、レジュメを社内的にやりとりしたりして、仕事の合間に理解を深めていくことにした。

当時、社内宛の書類送付には茶封筒が使われていた。表に送り主と送り先の部署と個人名を書き、各フロアの専用棚に置くと翌日には相手に届く、という仕組みだ。

私も泰司君も忙しかったので、送った資料の返信がすぐ欲しいときには「A・S・A・P」と、一頁目に手書きした。

A・S・A・Pとは、アズスーンアズポッシブルの略。できるだけ早くご対応願います、という意味のメッセージである。

「A・S・A・P。社食で話して資料確定しましょう」

簡潔な文面の最後に添えられていたメッセージを見て、私は次第に彼が気になりだした。そして、それは泰司くんも同じだったらしい。

つまりA・S・A・P、急ぎのとき、私たちは社内のワークスペースや営業時間外の社員食堂で、その日のうちに会うようになった。

A・S・A・Pは、会いたいという気持ちを表現する、ふたりの秘密の伝言に昇格したわけである。

私たちは休日にふたりで目黒《めぐろ》の寄生虫館へ行くことになった。その道すがら、泰司くんのほうから私に交際を申しこんできた。

つき合ってしばらくして、彼の部屋へ遊びに行った。

部屋を見まわしていると、ベッドわきに気になるものを見つけた。

「これはなに？」

「ああ、それ……ハンディマッサージャー」

私は泰司くんと顔を見合わせた。それはいわゆる「電マ」。本来は肩凝りを緩和するための道具でありながら、やたらとアダルトビデオに登場する道具である。

いやまあ確かに、男性ってそういうの好きですよね。ただ、ねえ……。

私の本音が顔に出てしまったのだろうか。泰司くんは慌てた表情になる。

「違うんだ。誤解だ」

そう、泰司くんは本当に肩こりに悩まされていたのだ。

「じゃあ、私が肩をほぐしてあげるよ。うちの母もそうだから、得意なの」

ニコリと笑って、泰司くんの肩を揉《も》みはじめる。

「えっ、映子《えいこ》ちゃん、ありがとう。気持ちいい」

しかしとうぜん、ただの肩もみでは終わらない。だんだん、妙な気分になってきたのである。お互い無言のまましばらく時間が過ぎて、やがてどちらからともなくキスをはじめた。

泰司くんはあまり女性なれしていないのか、口づけもぎこちなかった。

「ん……」

泰司くんの唇は少し乾いていた。私は唇で、チュ、チュとついばむようにキスをする。

「泰司くん、舌、入れていい？」

「うん、僕もしたいと思ってた」

泰司くんは私をやさしく抱きよせると、そっと口をふさいだ。

「んっ、あっ、あん」

泰司くんは私の服を脱がせると、ブラジャーをはずして胸に触れた。

「すごっ……やわらかいんだね」

泰司くんは学者が研究対象を見るような目で、私の乳房を見た。興奮した様子である。

「泰司くん、ちょっと待って。私も泰司くんのモノを触らせて」

「わかった」

泰司くんはズボンとパンツを下ろし、大きくなったペニスを私に見せてくれた。

おとなしくきまじめな泰司くん自身の性格とは裏腹に、男性器は凶暴そうにみえた。

真っ赤に膨張し、天を仰いでそそり立っている。

「すごい、大きいのね」

「そうかな」

「これ、舐《な》めてもいいかな？」

「もちろん」

泰司くんの股間に顔を近づけると、ペロリと先っぽを舐めた。

「どう。痛くない？」

「大丈夫だよ……んっ」

今度は口に含み、舌を使って根元から亀頭まで丁寧に愛撫《あいぶ》した。

「うわっ、なんか変な感じ。映子ちゃん、気持ちいいかも……んぐっ」

喉の奥まで使い、入念に奉仕を続けると、徐々に泰司くんの興奮の度合も高まってきた。

「よかった。もっとがんばるわね」

私はさらに深く咥《くわ》えこむと、頭を前後に動かしはじめた。

じゅぽっ、ちゅぱっ、くちゅっ、ぬぷっ……。

いやらしい音が室内に響く。

「ああっ、出る……」

口の中の陰茎がブルリと震え、次の瞬間、大量の精液が口の中に発射された。

「はぁっ、ああっ……気持ちよかったぁ」

「そう。ならよかった。泰司くんに満足してもらえて、私もうれしいよ」

泰司くんが射精し終えたあと、私たちは彼のベッドでイチャイチャしていた。

「今度は僕が映子ちゃんを気持ちよくする番だよ」

耳もとで、泰司くんがやさしくささやいた。

「ええっ、聞いていないよぉ」

「ごめん、さっきのフェラチオが最高で、我慢できなくなっちゃった」

泰司くんは私をベッドに押し倒すと、スカートをそっとまくった。デートのために買った、ピンク色の可憐《かれん》なショーツがあらわになる。そして泰司くんの指先が、股布の部分にそっと触れた。

「ひぁうんっ、くぅっ……」

泰司くんは秘裂にそって、そっと指を往復させていく。下着の上からとはいえ、敏感になったクリトリスには十分な刺激である。

「……あんっ、そこはだめぇ」

「ここかな？」

泰司くんの指が敏感な部分を的確に探り当てる。

「ひゃうっ……」

びくんと体が跳ねると同時に、甘い電流が脳髄に流れこんだ。その反応を見て調子に乗ったのか、泰司くんはさらに指の動きを速める。

ぐにぐにっと陰核を押しつぶすように擦《こす》りあげる指先の感触は、快感と呼ぶよりほかにないものだった。

「……いひぃっ、そこぉっ、だめぇっ」

腰がガクガクと震えてしまうほどの快楽が押しよせてきて、思わず悲鳴をあげてしまった。

(ああもう、だめよ私、こんなに感じてしまうなんて)

あまりの気持ちよさに理性が崩壊しかけた瞬間、不意に指が離れた。

「あれ、もう終わり？　やめちゃうの？」

もの欲しそうな目で泰司くんを見ると、彼は困ったように笑った。

「そうじゃなくてさ……いよいよ、これを使おうか？」

そう言って泰司くんが手にしたのは、わきに置かれていた電マである。

「あ……はい……」

期待で胸が高鳴るのを感じた。これからされるであろう行為への不安や恐怖よりも、早く気持ちよくなりたいという気持ちのほうが勝っていたのである。

「最初は弱くするから、安心してね……いくよ」

スイッチを入れるとヴイィンという振動音が響きわたり、無機質な灰色のヘッド部分が小刻みに揺れ動いた。そして次の瞬間、その先端がショーツ越しに、私の陰唇にあてがわれる。

「ひゃっ、ああん」

一瞬の冷たさを感じたものの、すぐに熱っぽい感覚に変わった。

それはまるで火で炙《あぶ》られているかのような熱さで、じわじわと私の神経を侵したのである。

（あひっ……なに、これ……気持ちいいよぉ……）

いままで経験したことのない感覚に戸惑いつつも、私の体はその未知の快感に悦《よろこ》んでいた。

「あああっ……なに、これえええっ……」

まさに衝撃的としか言いようがなかった。指先での愛撫とは比べものにならないほど強烈な感覚が全身を駆けめぐり、一気に絶頂へと押しあげられるような感覚に襲われる。

（このまま責められつづけたら、私……）

そんな私の心配をよそに、泰司くんは震動する機械の先端部で容赦なくクリトリスを責めたてる。

「こんなの知らないっ。イクッ、イッちゃううう……」

私は無意識のうちに腰を浮かせていた。そして両脚をピンと伸ばし、爪先をぎゅっとまるめて絶頂を迎え、ぐったりと脱力してベッドの上に倒れこんだ。

まさか、彼とのはじめてのセックスで、いきなり気絶してしまうなんて思いもしなかったので、動揺を隠しきれない。それにまだ、前戯の段階だ。

「映子ちゃん、本番に行こうか」

「そ、そうですね」

泰司くんは正常位の体勢になると、彼自身の陰茎を私の秘裂にそっと押し当てた。

「ああっ……」

「挿《い》れるよ」

ずぶぶっと音を立てて、熱い塊が私の中に侵入してくるのがわかる。はじめて味わう異物の感触に、全身がこわばるのを感じた。

(これが泰司くんのオチ×チンなんだ……すごい……大きい……)

「ああっ……入ってくるぅ……」

「感じてるかな、映子ちゃん」

感じるなんて、生やさしいものではない。

「ああっ、だめぇっ。そんなに激しくされたらっ……」

あまりの激しさに、頭がおかしくなりそうだった。脚をばたつかせて抵抗を試みる。

「動かないで……抜けちゃうから……」

よけいに強く押さえつけられてしまい、さらに奥まで突き入れられる結果となる。きまじめで、職場での評価も高い泰司くんは、ベッドの上では暴君だ。

パンッ、パンッという乾いた打擲《ちょうちゃく》音が、泰司くんのワンルームに響きわたる。

「あっ、はあっ、ああっ、きちゃううぅっ」

そのほかには、私の淫らなあえぎと水音、泰司くんの吐息だけ……。

私たちは汗だくになりながら、互いの肉体を求め合っていた。

このところ残業つづきで疲れているはずなのに、泰司くんはまったく疲れを感じさせない様子で、私を責めたてる。

「僕……もう、イキそう……」

「あっ…もうだめえっ。私も……イクッ、イッちゃうよおおっ……」

次の瞬間、頭の中でなにかが弾《はじ》けたような感じがした。同時に意識が飛びそうになるほどの絶頂が全身を襲う。

行為が終わったあと、私たちはベッドで抱き合いながら横になっていた。ふたりとも、まだ事後のけだるい雰囲気の中にいた。

（気持ちよかったなあ。電マからの本番、癖になりそう）

ふと視線を感じて顔を上げると、泰司くんと目が合った。彼は穏やかなまなざしで私を見つめている。

（でもよくよく考えると、とんでもないことしちゃったかも）

急に気恥ずかしくなって、顔を赤くする私。すると泰司くんは、乱れた髪をやさしくなでてくれた。

「映子ちゃん、かわいかったよ」

「ありがと……大好き」

私は小さな声でささやいた。

「僕もだよ」

泰司くんらしい、さりげない愛の告白に、私は胸がいっぱいになる。

「うれしい……ねぇ、泰司くん、ペアリングを買わない？」

私は数日前に同期から聞いたペアリングの話題を、泰司くんに振ってみた。

「いいね」

案の定、彼も乗り気のようだ。

「今度、買いに行こうよ。内側にメッセージを刻印できるお店なんだって。同期がね、お互い相手に贈る言葉を刻印したって聞いて、私も泰司くんとやってみたくなったんだ」

「なるほど。おもしろい」

そんなやりとりをしながら、私はひそかに喜びを感じていたのである。

（ふふっ、これで私たち恋人どうしになれたんだ。指輪の刻印、なににしようかな）

翌週末、私たちはショッピングモールにあるアクセサリー店で、ペアリングを注文した。同期が薦めていた店だ。

天然石アクセサリーなどを扱う若者向けのカジュアルな店で、ペアリングも人気商品のひとつらしい。

ペアリングの刻印といえば、お互いの名前やイニシャル、ふたりの記念日などが定番だが、その店では長めの愛のメッセージや名言、慣用句を刻印する人が多いそうだ。書体も四種類から雰囲気に合ったものを選べるのだという。相手からの唯一無二のメッセージを常に身に着けるという点に、魅力を感じる客が多いのだ。

シンプルなシルバー製のリングということもあり、注文の翌週にはペアリングを受け取れた。家族連れでにぎわうショッピングモールのフードコートで、私たちはそれを開封する。

「泰司くん、私にどんなメッセージを刻印してくれたの？」

「なんだと思う。見てみて」

「うん……あっ……」

私はあっけにとられた。顔を見あげる。向かいに座った泰司くんも、同じ表情をしていた。

私が彼の指輪に刻印したのは「A・S・A・P」。彼との出会いと関係の深まりを象徴するメッセージ。そして彼が私に刻印したのも、同じ「A・S・A・P」だった。

「ぷっ、おんなじじゃん」

「本当だ。やっぱりな」

私たちは、顔を見合わせて爆笑した。

会社の課外プロジェクトである出張授業当日。私は泰司くんとのペアリングをつけていった。すると、なんと泰司くんもペアリングをつけてきてくれた。

（泰司くん、いいの…？）

プライベートを仕事に持ちこまないきまじめな人だから、とても驚いた。

私たちは都心から離れた、とある小学校に赴き、そこで環境保護についての授業を行った。小学生たちはみないい子で、熱心に話を聞いてくれたし、質問にもたくさん答えてくれた。

そして夜、無事に出張授業を終えたあと、職場近くにある中華料理店で、ささやかな打ちあげをしたのである。

「お疲れさまです」

乾杯して、プロジェクトチーム四人でビールを飲む。キンキンに冷えたビールが喉を通る感覚が心地よかった。

「ぷはぁ、うまい」

「それにしても、今日の映子さん、すてきだったなあ」

リーダーで課長級の四十代男性社員は、私を褒めた。

「え？」

「生徒たちの前で堂々と話していて、すごく格好よかった」

「そ、そうですか？」

「同感。子供たちに慕われている感じがして、まるで先生みたいでしたよ」

家庭の都合をつけて打ちあげに参加してくれた時短勤務の三十代女性社員も、私を褒めてくれた。

(がんばったかいがあったなあ)

泰司くんはやさしい表情でこちらを見つめていた。その笑顔にキュンとする私。

「ところで、左手の薬指……ペアリング?」

女性社員が私の手もとを見て言った。興味津々な表情である。

(気づかれた)

私は内心動揺しつつも、努めて平静を装って答えた。思えば傷ひとつないピカピカのペアリングなんて、恋人がいるとアピールしているようなものだ。

「ええ、まあ……」

泰司くんの手にも私とおそろいのデザインの指輪が光っている。さすが育児中の女性だけあり、勘が鋭い。

「若いって羨ましいなあ。見ているこっちまでときめいちゃう。私なんて仕事と育児に追われて、飲み会に来るのも久しぶりよ」

女性社員はにこやかに笑って、ビールを飲みほした。

それからしばらくして、社内で私と泰司くんの交際の噂《うわさ》がひろまった。案の定、関係はバレバレだったわけである。それでも冷やかされたりせず、温かく見守ってもらえたのでありがたいかぎりだ。

半年後に、泰司くんとは自然消滅した。お互い仕事が忙しくなってしまったのだ。

シルバーのペアリングは宝石箱の中。

数年に一度、見つけては、そのたびにシルバークロスできれいに磨いている。私にとっては大切な青春の一頁だ。

いまはまったく違う男性と結婚して家庭を持った私だが、ふと昔を思い出し、なつかしい思い出に浸るのだった。

イトのない糸

埼玉県・アダルトライター・三十九歳・女性

私は結婚八年目の三十八歳。四歳下の夫とは仲がよく、よく新婚に間違えられるくらいだ。

都心にほど近いベッドタウンに購入した一軒家は同時期に作られたよく似た家が立ちならぶ、閑静な住宅街にある。近所には同世代の子持ち家庭ばかりだが、私はその妻たちからは少々浮いた存在だった。

子供がいなく、自宅で仕事をしているため、髪の毛を派手な茶髪に染め、カラコンをつけているので、夫と同い年くらいに見えているだろう。

昼間から堂々と男に会いに行くこともしばしばあるが、いまのところそれは近所にも隠せている。夫は男の存在こそ知らないが、私に友人が多いことに寛大だし、人の目を気にしないでいてくれる男らしい性格だ。

私はそんな夫が大好きで、夫も存分に愛してくれているので、近所の居酒屋では仲よし夫婦で通っている。しかし、そんな私には、夫には言っていない秘密の趣味がある。

それは、ほかの男との情事の録音を聞きながらオナニーをすることだ。刺激が欲しくて、一年ほど前からマッチングアプリに登録したのだ。

いくら見かけを若作りしても、そろそろおなかがだらしなくふくらんできていて、拒否されたらどうしよう、と最初は思っていた。

しかし、マッチングアプリで出会う男はみな、そのくらいが安心して抱き心地がよいと言ってくれる。胸はGカップで形がよいのがチャームポイントだ。色白ですべすべの肌も、褒められることが多い。

こんなことをしておきながら、こっそりと親に感謝している。なにも夫に不満があるわけではない。ただ、夜の生活もあるけれど、夫には刺激を感じないのが本音だ。

マッチングアプリで出会った二十五歳の男の子に、いまはゾッコンだ。ひとまわり以上離れているのに、会うといつも「かわいいね、好きだよ」と褒めてくれる。

彼、雄二《ゆうじ》とはじめて会ったのは一カ月前。安い魚介専門チェーン店で待ち合わせをした。

写真を見て好みの顔だなと思っていたが、あとから入ってきた彼のまとうオーラは芸能人みたいで、おしゃれなコートに、年齢に似合わないブランドのマフラー、いい匂いがしたのを覚えている。

広いおでこ、笑うとクシャっとする笑顔、いたずらっ子そうな口もと、芯のないフラフラとした歩きかた、あまり背が高くないのも私好みだった。

最初こそいかにアプリではずれを引いてきたかなど、どうでもいい話に花を咲かせていたが、途中から彼の様子が変わってきた。

「こんなつもりで来たわけじゃないのに、姉貴がセクシーすぎるからいけないんだ」

しびれを切らしたように駄々をこねてきた。姉貴と呼ばれるのも親しみを感じて、いやな気持ちはもちろんしない。

「でも、今日は生理だから次回しようね」

なだめてふたりで喫煙室に入った。すると、いきなり彼からキスをしてきた。彼は舌にピアスをしていた。

歯に当たるピアスのカチカチという音がいやらしかった。たっぷり唾液を交換すると、それだけで私は火照ってしまう。

「誰かに見られたら……」

居酒屋の喫煙室でのいきなりの出来事に狼狽《ろうばい》しつつ、心配する私をいじわるそうな顔で、楽しんでいる。

本当に二十五歳なのか？

「カラオケ行こうか、少し時間あるし」

離れがたくて提案したのは私だ。もっといっしょにいたかったのだ。

だが、歌う気まんまんで入ったカラオケで、死角になっているソファに隣どうしで座り、イチャイチャモードになってしまった。彼が私の耳を舌でなぶる。

「やっ……耳、弱いの」

それを聞いて、よけいに激しく舐《な》めながら、服の上から乳首を触ってきた。

「あ、ダメ、イッちゃう……」

感じやすい私の体は、それだけで達してしまった。

「もうイッちゃったの？　かわいいね」

また深いキスをする。キスをしながら、今度は手がスカートの中に入ってきた。ガシッと太ももをつねられて、痛さにもだえるが、これもいやではない。ちょっとしたSの才能が彼にはあるのかもしれない。自分にM性があると自覚している私は、雄二の与えてくる刺激にいちいちドキドキしながら、何度も何度もキスで果てた。

こんな刺激的な夜は、何年ぶりだろう？

マッチングアプリ常習犯の私も、なかなかいいと思える男には出会えずに新規との約束をくり返してきたが、次の逢瀬《おうせ》を楽しみと思わざるをえなかった。

次の夫の泊まり勤務の日に、雄二とセックスをすることにした。夫はサラリーマンだが、シフト制で、たまに夜勤がある。絶好のチャンスだと思った。

お互いの最寄りの中間の駅で待ち合わせて、コンビニで飲みものを買ってラブホテルへと向かう。不思議と罪悪感はない。

こんなにときめいたのはいつぶりだろう。ドキドキしながらホテルの部屋に入ると、雄二は自分のスマートフォンでオシャレなジャズをかけはじめた。

（こんな二十五歳、いるの？　年齢偽ってるのかなってくらい完璧じゃない）

雄二が笑顔でベッドにダイブしてはしゃいでいるのを横目に、その用意周到さに驚く。いままでしてきた遊びのセックスは、明るいままで私の体を凌辱《りょうじょく》するようなものが多かったが、雄二はなにも言わずに照明も落としてくれた。

「姉貴、早くおいでよ」

セックスをしている最中の音声を聞きながら思い出に浸るのが私の性癖だと事前にきちんと許可をとり、録音の準備をしていると、ニコニコとベッドから誘われ、緊張を抑えながらベッドに向かった。

カチ、カチと舌ピアスが歯に当たる音が鳴りひびく情熱的なキスに、やはりこの前と同じように蕩《とろ》けてしまった。

「あっあっ、イク……」

キスだけで達してしまう私。

「かわいい……」

「だって……雄二君がキスうまい…あ…んっ」

口を塞がれただけで達してしまった。雄二の唇が首すじに降りると、

「いやっ、首も弱いの……」

「姉貴、弱いとこだらけじゃん」

くすりと楽しそうに雄二は笑いながら、手を下半身に伸ばしてきた。ガシッと太ももをつかみながら、首すじを噛《か》んだ。

「あっ、いたっ」

痛いけれど、気持ちいい。

「俺のこと、いっぱい考えて？」

「考えてる……ずっと雄二君のこと考えてたよ」

これは本当だった。夫がいてもポーッと考えてしまうことが多く、さすがによくないと思っていたのだ。

しかし、こんなに好みな年下にどうやってほれこまないでいろと言うのだろう。独特の甘い香水の香りを漂わせながら、雄二の舌はどんどん下半身へと洋服の上からはっていく。

「潜っていい？」

スカートの中に頭を入れようとしている雄二を見て、私は少しかわいいなと思った。

「潜るって……恥ずかしいよ」

シャワーは浴びてきたが、恥ずかしいものは恥ずかしい。そんな私の気持ちを無視して、雄二はタイツ越しに太ももを強く噛んだ。

「いたっ」

今度は本当に痛かった。しかも、あざになっていたら夫にどう言い訳しよう、と頭をよぎる。だが脱がされはじめたことで、それもどこかへ行ってしまった。

「うわ、もうびしょびしょだよ……」

恥辱を与えるでもなく、単純な感想に聞こえた。その分、よけいに恥ずかしくなる。

「やめて……見ないで……」

「やだ。ここ、きれいだもん」

ふうっと息を吹きかけられて、ゾクッと感じてしまう。確かに、二十代のころに下の毛は脱毛していたので、汚くは見えないだろう。

だが、それとこれとは違う。年を重ねて、そこは黒ずみが目立ってきていた。

「恥ずかしい……」

「ねえ、姉貴、ここ、よくひろげてみせて」

「えっ」

いたずらっ子な目で、雄二が上目遣いをしてきた。

「無理……自分でなんて、したことないもん」

「してよ」

いままでだったらそんな恥ずかしいことはしないし、私にはできなかった。でも、雄二の甘えた言葉にはどうしても従ってしまうようだ。

「わかったから……」

タイツをすべて脱ぎ、ショーツも脱がされきったそこを恐るおそる自分の手でひろげる。こんなこと、アダルトビデオでしかありえない光景だと思いながら。

「触って、自分のクリトリス」

「ん……」

言われるがまま、ふだんのオナニーでさえ触らないクリトリスに手を伸ばす。

「あっ、あっ、気持ちいい……」

いつも自分で触ってみようとしても、気持ちよくなくてやめてしまうのに、恥ずかしさも相まってか、恐ろしく感度が高い。

「かわいい……エロくてかわいい。好きだよ」

雄二は私の手に自分の手を重ねて、クリトリスをうまく刺激している。

「あ、イクっ」

もうすでに何度目の絶頂だろうか。体がビクンと跳ね、注がれる唾液をゴクリと飲みほした。

すると今度は、雄二の指が中に入ってきた。お尻は雄二の膝に乗っけられていて、少し腰が浮いた状態なので、雄二にはまる見えだ。

「待って、恥ずかしい」

「まる見えだよ。気持ちよがってるところ、たくさん見せて」

こんなことをほかの男に言われようものなら、上から目線だなと感じるだろうに、なぜか雄二には反発心が湧かない。それどころか、どんどん高揚しているのがわかる。

「あっ、な、何本入ってるの？」

急にごつごつとした指が増えて、膣がきゅうきゅうと締めつける。思ったよりも太いそれに、思わず聞いてしまう。

「二本だよ……痛い？」

やさしく尋ねかける雄二。

「痛くはない……びっくりしただけ……」

雄二の甘い顔からは想像できない指の感触だった。十分すぎるほど濡れているのに、違和感と気持ちよさがないまぜになる。そして、だんだんと気持ちよさが勝ってきた。

「あっ、気持ちいいっ」

「ん……姉貴、かわいいよ」

甘い言葉に身を委ねる。すると、膣のほうからジュクジュクという音がしはじめた。

「あ、ダメ、ダメ、それはダメ」

「なにがダメなの？」

いじわるく指を動かすスピードを速める雄二。

「噴いちゃう、噴いちゃうからぁ。恥ずかしい……ああああああ……」

まるで実況中継をしているかのように、その声と同時に、ジュバジュバジュバと潮を噴く。

「や、やめて、また噴いちゃうから、やめて、いや、イクぅ」

なかなか止まらない指の動きに、結局三回連続で噴いてしまった。その潮で濡れた指をペロと舐める雄二。

「やめて、ばっちいよ」

と言うと、

「そんなことないよ。おいしい」

と、笑顔を返された。

「ん……なんでそんなに上手なの……」

「上手じゃないよ。でも、たくさん噴いてくれてうれしい」

「そうなの？」

「うん、女の人も男がイクと喜ぶでしょ。そんな感じかな」

なるほど、思考はちゃんと年齢なりなのねと思ったが、この年になると相手がイクとかどうでもいいもんなあと、内心思いつつ、

「そうかあ」

と、相づちを打つ。

「ん、そうなの」

満面の笑みでキスを強いられ、また甘いキスに身を委ねる。

カチ、カチ。

舌ピアスの音がもはや心地よく、BGMのジャズと溶けこんでいる。

「ね、フェラしてよ」

「うん……」

きれいな若々しい男根が、いつの間にか目の前にいきり立っていた。ふだんはそこまでフェラチオが好きなわけではないが、これがほれた証拠なのだろうか。

まるで子供に渡されたキャンディーのように、おいしそうに見えるから不思議だ。

ペロとひと舐めすると、雄二が、

「んっ」

と、あえぎ声を出した。反応のいい男は責めがいがある。私は一生懸命に、その大きくなったモノを口にほおばり、ジュバジュバと唾液で愛撫した。

「もっと奥まで……入れて」

スイッチが入ったのか、さっきまでやさしかった雄二が頭をつかんで奥深くまで咥《くわ》えさせようとする。

「んっおぇっ」

反射的に胃が拒否反応を起こすが、それでも雄二の力は強く私の頭をとらえている。

「おえっ、げほっ」

やっと口を離し、涙目で雄二のほうを見ると、雄二は楽しそうに微笑《ほほえ》んでいた。

「深く咥えるの、嫌い？」

そう言われて、うん、とは言えない。

雄二には、逆らえない魔力が本当にあるようだ。

「もっと、奥まで欲しい……」

「いい子」

ふっと笑って、また私の頭を抱える。そして、リズミカルに頭を上下させられる。

えずき汁と涙でぐちゃぐちゃになった顔を、雄二はいとおしそうに眺める。

「ねえ、姉貴の中も、激しく突いていい？」

「ううう、うん」

かろうじて返事をすると、雄二はうれしそうにその手を止めた。

「姉貴の口、気持ちよかった。そのきれいなおっぱいも舐めたいな」

そう言うと、私を押し倒し、乳首を口に含む。

「あっ、気持ちいいっ」

ベロベロと乳首を舌で愛撫され、また達する私。

「ねえ、乳首の穴まで開いてきたよ。いやらしいね」

「うそ。そんなわけない……」

「ほんと。ほら、ピアスが穴に入っちゃう」

ぐりぐりと乳首の穴をピアスで責められ、いままで感じたことのなかった快感を覚える。

「どんどん開いていく……」

「そんな、そんな恥ずかしいこと言わないでぇ」

叫びながらも絶頂をくり返した。

「おいしい」

雄二はそう言うと、イチモツを私の股間に擦《こす》りはじめた。

「あ、待って。ゴムして」

「大丈夫、まだ入れないから」

実は、私はずいぶん前から避妊具を入れている。なので妊娠のリスクはないに等しいのだが、いくらふだんから遊んでいる私でも、コンドームをしないのは夫だけと操を立てている。

性病リスクの観点から言っても、そこは守りたいところだった。

しかし、グチャグチャに濡れた秘部に雄二のモノが擦られているうちに、それだけで達してしまいそうになるくらい気持ちよくなっていた。

「あ……なんで。気持ちいい」

「ま、待って。ゴムして。ゴムはして」

気づくと、雄二がそのまま挿入しようとしていた。

「ダメだよ、それだけは、ダメ」

身をよじって逃れようとしたが、雄二はキスで口をふさいでいる。そして、ついに肉棒が私の中に入ってしまった。

「ダメ?」

甘えた声で、いまさら聞く雄二。

「もう……内緒だよ。誰にも内緒。だから、気持ちよくなって」

快楽にはとうてい勝てそうにもなかった。夫の顔がよぎるが、この快感は逃したくない。

雄二はキスを何度も落としながら、激しく腰を振っていたかと思うと、ふいに私を壁ぎわに立たせた。

「やっ、こんなのいや」

その壁には、鏡がついていた。鏡越しに自分の感じているいやらしい顔が見えてしまう。目を閉じると、

「開けて。ちゃんと見て、かわいい姉貴の顔」

と、お尻をパンとたたかれて、ハッと目を見開いた。

「やんっ」

お尻をたたかれることも、嫌いではなかった。

どうしてこんなにも相性がいいのだろう？

「ごめんなさい」

鏡越しに雄二を見ながら叫ぶ。それが火をつけたのか、髪の毛をわしづかみにされて、うしろに引っぱられ、エビ反りのような格好で激しく突かれる。

パンパンパンパンと濡れた音が鳴りひびく部屋。一度肉棒が引き抜かれると、今度は指が入ってきて、激しく中をかきまわす。

「ああああああ」

ビシャビシャと、とどまることを知らずに、足下に潮の湖ができてしまった。

そして、そのままベッドに投げ出されると、バックから犯されることになった。さっきより激しい腰の動きに、

「あっ、あっ、あっ、あっ」

と、声が止まらない。膣がぎゅうと閉まっているのがわかる。

「こ、壊れちゃう……おマ×コ、壊れちゃう」

そう叫ぶと、

「壊してんの」

と、色気のある低い声が返ってきて、その言葉にまた達してしまった。

「イクぅ」

「イケよ」

激しくぶつかり合う体。私が達して痙攣《けいれん》したことで、一度その動きが止まる。

「はあっ、はあっ、はあっ」

お尻を高くあげたまま、ベッドに突っ伏して息を整えていると、スッともうひとつ

の穴に雄二の指が触れた。ハッとして振り返ると、雄二は指を一本舐めている。いやな予感に、思わずうわずった声をあげる。

「ねえ、待って。なにするつもり……」

「ん？　お尻の穴に指入れるんだよ」

やっぱり……と思う。

うしろでする経験はなかったが、たまに玩具や指を入れられたことがあり、それがかなりの快楽だということを私は知っていた。

それだけに、痴態を見せるのは想像しなくてもわかることだった。

「待って。やめて。そこは汚いよ」

「おとなしく、お尻を突き出して」

左手がパンと尻たぶに振り下ろされる。

「あっ、あああああああっ」

排泄《はいせつ》する穴への侵入に違和感が走る。しかし、それもつかの間、また前の穴に挿入され、ピストンがはじまると快楽へ変わるのだった。

「あ、あ、擦れてるっ。ぎもちいぃっ」

まんまと年下のテクニックにハマってしまう。

「イクイク、イクぅ」

大絶叫をして、今度こそ動けないほど果てた私は、そのあとはオナホールのように、ただ雄二にされるがままだった。

そして、いよいよ雄二が、

「中に、出すよ」

と、苦しそうな声を出した。

「ダメ、中はダメ」

避妊をしているとはいえ、絶対ではない。それだけは絶対に避けなければと思い、大声で叫ぶと、

「お願い。出さないから、中に出してって言って」

と、せつなそうに懇願された。

「出して、中に出して」

そう言うと、熱いモノが膣から引き抜かれ、おなかにたっぷりと精液が放たれた。

その刺激にさえイッてしまった。

「はぁ、はぁ……」

ふたりで頬を寄せ合って息を整えていると、

「姉貴、ありがとう。痛くなかった？」

「うん、大丈夫だよ。ありがとう」

本当にセックス中だけSなんだな、と微笑ましく思いながら答える。

「ね、どうしたらこんなにエロい二十五歳ができあがるの？」

「んとね、UNOしてトランプして……そしたら、こうなりました」

てへ、という顔でごまかす雄二に、

「なわけないでしょ」

それにしても、夫に顔向けできないことばかりしたなと思う。

太もものあざは消えなさそうだから、気をつけなければならないし、いままでいろんな男とこっそり遊んできて、許さなかったことを許してしまった。

罪悪感と、久しぶりの幸福感で頭がぐちゃぐちゃだ。まだ最終電車よりかなり早い時間。もとより、夫が帰宅するのは明日の朝だからと、帰宅と同時にさっそく録音したものをイヤホンで聞き出した。

あんなに達したというのに、聞いたらすぐにうずいてくる子宮。持てあまし、思わず電マを使ってオナニーをしてしまう。

イヤホンからは私の遠慮のないあえぎ声と、雄二の吐息やまぐわっている濡れた音が響いている。電マのスイッチを最大にして、声を殺して、ビクンビクンと体を痙攣させた。

これからシャワーを浴びるまで、延々と雄二とのセックスを反芻《はんすう》して楽しめる。頭の中は、雄二でいっぱいだ。

夫とつながる糸は意外にもほころんでいて、味気ない日常を繕うようにからまり出した雄二という名の糸。ほどくことのできない欲望に塗れた出会いに意図せず溺れた私は、どこまで落ちるのだろうか……。

母の男

神奈川県・会社員・二十八歳・女性

その男と出会ったのは、私が女子大生のころ。夏休みだった。当時、両親は不仲により別居。私は母と同居していた。母は自分の恋人を自宅に連れこむことがあり、男はそのうちのひとり。

休日の昼間、私はリビングにあるソファで、白いTシャツに短パンという、ラフな格好をしてひとりでくつろいでいた。

すると母が、誰かを連れて外から帰ってきた。母と男は、談笑しながらリビングに入ってきた。母は「いたの？」とでもいう目を私に向け、面倒くさそうに男を私に紹介した。

「ほら、私の新しい恋人。田無《たなし》さんよ。あんたもあいさつして」

「はぁ……どうも」

またかと思いつつ、私はぶっきらぼうにあいさつし、母の隣にいる田無に顔を向ける。

言葉は悪いが、田無はそうとう不細工だった。

年齢は、五十代くらいで背は低く、小太り。頭はモジャモジャとしているわりに、ところどころはげている。

そのとき、田無はピンク色のポロシャツを着ており、私は内心、豚みたいだと思った。

田無は歯並びの悪い口でニタニタと笑いながら、私の全身を舐《な》めるかのように眺めている。

「君が伊織《いおり》ちゃんだね。お母さんから話は聞いているよ。お母さんにそっくりだね」

もう、そのねっとりとしたしゃべりかたが気持ち悪かった。

ふと、田無の視線が私の胸もとに注がれた。私は、ブラジャーをしていなかったことに気がついた。

白いTシャツ越しに、茶色い乳首がうっすらと浮き出ていた。私がとっさに隠すと、

田無は残念そうにふぅと息を吐き、

「乳首、すっごい透けてたね。変な男に目をつけられちゃうよ」

と、母に聞こえないように、私に耳打ちした。その瞬間、ゾワッと鳥肌が立った。

私の心の中で、危険信号がともった瞬間だった。

はじめて会った日から、田無は平日の夜更けによく家に来るようになった。朝起きたときにはもういないので、田無とはほとんど顔を合わせることがなかった。

どうやら田無は町医者で、それなりに稼いでいるらしい。母がそんな不細工な男とつき合っているのも、おおかた金のためだろうと、私は思っていた。

しかしそんな考えは、母と田無の性行為を目撃してから、覆されることになる。

リビングと母の寝室は一階、私の部屋は二階にあったため、ふだんはそこまで話し声は聞こえなかった。

しかし、その日の夜はいつもと違い、なにやら苦しそうな母の声が二階にまで聞こえてきて、目が覚めた。

時計を見ると、夜中の一時を指していた。

「んんッ……ああッ……」

耳をすまして聞いてみると、苦しそうな声は喘《あえ》ぎ声だった。私は好奇心から一階に降りて、母の寝室をのぞくことにした。

引き戸を横に少しだけ開けて、しゃがんで中をのぞいてみると、母と田無は布団の上でからみ合っていた。

当時、処女を卒業したくらいだった私は、はじめてナマで見る大人の性行為に、驚きと興奮が入りまじり、目が離せなかった。

田無は母の上に跨《またが》り、母の乳首をまるで赤ちゃんのようにチューチューと吸いながら、アソコを弄《いじ》っている。

母は悩ましい声をあげながら、淫猥《いんわい》な音と気持ちよさに酔っているようだ。

「んッ……田無さぁん…指入れちゃダメェッ」

「亮子《りょうこ》さんのここ、グッショグショだねぇ。僕のおち×ちんも、お汁が出てきちゃったよ」

田無はニヤニヤしながら自分のペニスを摘まみ、先端から出ている我慢汁を、母に見せつける。

すると母は、もう我慢できない様子で起きあがり、田無のペニスを自分の口の中に入れた。

「んっ……田無さんのっ……んっ……おち×ちん、おっきい……」

寝巻をはだけさせ、田無のペニスに齧《かじ》りつきながら喘ぐ。

「んふぅ……亮子さんのお口の中、んぎもちぃ……」

田無は脂ぎった顔にうっとりとした表情を浮かべながら、母の乳首を指で弄りつづけている。

母が、じゅぽじゅぽと口を上下に動かして田無のペニスをしごくたび、ペニスはどんどん大きくなり、唾液と我慢汁でぬらぬらと妖しく光っていた。

こんなに大きいペニスが私の膣に入ったら、どんな感覚になるのか想像しただけで、下半身が疼《うず》くのを感じた。

しばらくすると、田無は我慢できなさそうに不細工な顔をゆがめた。

「亮子さぁん……我慢できないよぅ……入れてもいいかなぁ？」

「んッ……入れてッ」

田無はふたたび母を押し倒し、ペニスを摘まんだ。いまにもはちきれそうなペニスは、プルプルと揺れながら、膣の中に入っていく。

「あぁっ」

「ううッ……気持ちいい……」

田無と母はつながった瞬間、ブルブルと震えた。

その様子を見ながら、私は無意識に自分のパンティーの中に、手を突っこんでいた。

自分の膣を触った瞬間、甘い蜜がトロリと吐き出される。それをクリトリスに塗りつけながら、ゆっくり上下に擦《こす》った。

ふたりは激しく突き合う。

ぱんッ……ぱんッ……。

膨張して血管が浮き出ているペニスは、いやらしい音を立てながら、母の膣の中に出たり入ったりしていた。

「あぁんッ……そんな……激しく突いちゃダメッ」

「どうして……亮子さんのアソコ、こんなにグチュグチュになってるのに……」

田無は脂ぎった顔に、さらに汗を浮かべてニタニタと笑う。

「伊織に……気づかれちゃうッ」

不意に自分の名前が出て、私はびっくりし、パンティーの中に突っこんで動かしていた手を止めてしまった。

急に罪悪感がこみあげてくると同時に、私はなにをしているのだろうと、興奮していた気持ちが鎮まりそうになる。

「伊織ちゃんにも聞かせてあげようよ……亮子さんの感じてる声……うふぅ」

田無は私がのぞいている戸の隙間を、一瞬だけ見た。

しまった……気づかれてしまったかもしれない……。

私は急いでヌメヌメする指をパンティーで拭い、音を立てないように、二階へと上がった。

母の喘ぎは、先ほどより大きくなっているような気がする。

「あんッ……あッ……はぁ……ダメェ……」

ぱんッ……ぱんッ……ぱんッ……。

母の喘ぎ声と肉のぶつかる音を聞きながら、自慰を再開した。

「んッ……あッ……」

ふだんは声が漏れないように、手で口を押さえて自慰をしているが、今日は声が聞こえる心配もなさそうだ。

私は自分の膣に指を出し入れしながら、愛液をクリトリスに塗りつけて、しごいた。

「あッ……いやッ……」

自分が田無に犯されていることを想像しながら、私は、クリトリスを摘まんだり、ゆっくり擦ったりして弄ぶ。

「あぁッ……」

全身に快感がひろがった。思いのほか大きな声が出てヒヤヒヤしたが、相変わらず下の階からは、母の喘ぎ声が響いている。

「んぁんッ……あぁんッ……」

「んふぅ……気持ちいぃ……」

ときおり田無の気持ち悪い喘ぎ声も聞こえてきて、よりリアルに田無を感じることができた。

冷静に考えて、田無はあんなに不細工な顔で、言動も気持ち悪いのに、なぜ興奮してしまうのか、私にはわからなかった。

ただひとつわかったのは、母が田無とつき合っているのは金のためではなく、体の相性がよいからだということ。

私はなぜか、母に嫉妬のような感情を抱いた。

「ああッ……もっとッ……突いてぇ……」

「ぐふぅ……イッちゃいそうだよぉ」

母と田無の喘ぎ声が、獣のような雄たけびに変わったとき、私もクリトリスと乳首を弄る指の速度をはやめた。

「んッ……はぁッ……イクッ……」

体に閃光《せんこう》が走ったように、私は大きく体をのけ反らせた。奥から愛液がトロリとあふれ出すのがわかる。

「はぁ……んはぁ……」

イッたあとの余韻で、しばらく頭がボーッとしていた。下の階では、まだ狂ったような雄たけびが続いている。

私にバレたくないと言っていたわりに、母は自分の声を抑えようという気はなさそうだ。

「んんッ……あッ……イクぅ……イッちゃう……」

田無も母と同じ音量で、豚のような泣き声をあげる。

「んぐふぅッ……で、出ちゃうよぉ」

ひときわ大きく、ぱんッと肉の合わさる音が聞こえたかと思うと、雄たけびはうめき声に変わった。

無意識に私は、まだパンティーの中にある手を動かし、ふたたび自慰行為にふけりはじめた。

母との性行為が終われば、田無は私の部屋にやってくるかもしれない。ちょうど、部屋に入ってきたときに、私が自慰行為をしていたら、田無は私のことを襲うだろうか。

そんな妄想をしながら、私は部屋に日が射《さ》しこむまで、何度も達した。

翌日、私は昼すぎくらいに起き、白Tシャツと短パンに着がえて、一階のリビングへ。なんとソファには、いるはずのない田無が座っている。

私は呆然《ぼうぜん》と立ちつくした。

そうか、今日は、土曜日だから、田無の経営する病院は休みなのかと、ふと思い出す。

「おはよう。よく寝てたねぇ」

田無はニタニタと笑いながら、私の顔色をうかがっていた。

昨日、母と田無の性行為をおかずに自慰をしていたことを思い出し、罪悪感やら恥ずかしさやらで、つい田無から目をそらしてしまった。

「お母さんは？」

「今日、パートだって。朝早くに出ていったよぉ」

「えっ、うそ」

かすかに、自分の声がうわずった。

ということは、夕方までこの男とふたりきりだ。

私は昨夜妄想したことが、現実になるかもしれないと期待し、胸を高鳴らせた。

そんな私の心を知ってか知らずか、田無はニタニタした表情を崩さず、じっとりとした視線を私に注ぎつづけていた。

「ねぇねぇ、昨日の夜、うるさかったでしょう。あんまり寝られなかった？」

これは、ぜったいわざと私に聞いている……。

昨夜のぞいていたことを気づいてほしいと思う半面、こんな気持ち悪い男に欲情していたなんて、バレたくない。

「いや、爆睡していたけど」

私はうそをついた。しかし動揺が顔に出たのか、田無はさらにねちっこく問いつめてくる。

「そっかぁ……でも昨日の夜中、伊織ちゃんと目が合った気がするんだけどぉ」

確実に、昨日のぞいていたことがバレてる？

「……なんのこと？」

私はそれでもシラを切った。

本心では、この男に犯されて、めちゃくちゃにされたいと思っているくせに、実際出てくる言葉は、本心とは正反対だった。

「ほら、僕らがエッチしてたときだよぉ。のぞいてたでしょ？」

「……知らないし、のぞいてない。そんなの、のぞきたくないんだけど」

「でも、明け方まで、ずっとオナニーしてたよねぇ？」

「え……」

思わず血の気が引いた。田無はニタニタと笑いながら、ＩＣレコーダーを取り出した。

私がまさかと思っていると、田無はそれを再生しはじめた。

「んッ……あッ……」

私の喘ぎ声が、リビングに響きわたる。

きぬ擦れの音とともに、かすかに一階の雄たけびも聞こえ、それが間違いなく、昨日録音されたものであることを物語っていた。

田無は私の喘ぎ声を再生しながら、ソファから立ちあがり、私のほうへにじり寄ってくる。

「僕ねぇ、寝息フェチだから、伊織ちゃんの寝息も録音したいなと思っててぇ……そしたら、こんなエッチな声が入ってて、びっくりしちゃったよぉ」

寝息フェチだとしても、私の部屋に勝手にレコーダーをしかけるなんて常軌を逸している。

「…………」

いつの間にか、私の目の前に、油ぎってテラテラと光っている田無の顔があった。

「ねぇ、昨日何回もイッてたよね。見てみたいなぁ、伊織ちゃんが、オナニーしてるとこ」

田無は右手でICレコーダーを私の耳もとに近づけて、左手で私のアソコを短パンの上から、サワサワと撫《な》ではじめた。

「ふッ……なにしてるの……」

「ねぇ、オナニーしてるとこ、見せてよぉ。この録音、お母さんに聞かせちゃうよ」

それはまずい。

激しい嫌悪感と期待がうずまいていた。

「……わかった」

結局プライドが勝ち、しかたなく応じてやるというていで、私は渋々と承諾した。

私と田無は母の寝室に入った。布団に座ると、妙に湿っていて、かすかに精液のような青くさい臭《にお》いがした。

「シャワー浴びてないけど……」

「いいよぉ。そのままの伊織ちゃんの匂いを嗅ぎたいしぃ」

田無は私の前に座りこむ。

「じゃあ、ズボン脱いでみて」

私は渋々といった感じで、いやそうに短パンをゆっくり下ろした。パンティーのクロッチの部分は、愛液が固まってカチカチになっている。

私はTシャツの端を引き伸ばし、パンティーを隠そうとした。

「あっ、隠しちゃダメだよぉ。ちゃんと僕に見えるように、M字開脚で座って」

背中を壁につけて、ゆっくり足を開く。田無は私のパンティーに顔を近づけてくる。

「んんっ。すごくエッチな香りだねぇ。昨日いっぱいひとりでしちゃったもんねぇ」

「……うるさい」

精いっぱい拒否するが、田無にはあまり効果がないようだ。

「んふぅ。強がっちゃってかわいいねぇ。それじゃ、ひとりでしてごらん　僕に見えるようにしててね」

私は恥ずかしさで体が熱くなりながら、パンティーに右手を突っこんで、アソコを触る。

昨日ひとりでしすぎたせいで、全体的にしなびていたが、膣からは、新たな蜜があふれ出していた。

その蜜を、クリトリスに塗りつけて、擦る速度を上げていく。

「んッ……くぅ……」

田無は、じっくりと舐めまわすように、私の顔とアソコを交互に見つめていた。

まるで田無に視線で犯されているような気分になり、私の興奮は高まってくる。

「あんッ……ふッ……」

もっと……犯してほしい……。

私はTシャツをまくりあげ、小さい乳首を田無に見せつけるように、左手の指で転がした。

それを見た田無は、ほぅと興奮したように息を吐き、自分の股をズボンの上からさすりはじめる。

「んッ……イッちゃいそう……」

「ぬふぅ……イッてごらん。僕がずっと見ててあげるからね」

私は目の前に田無がいることを忘れるほど、夢中で乳首とクリトリスを擦った。

「あッ……んんッ……イクッ……」

快感が全身を駆けめぐり、子宮がキュンと縮まる。しばらく、ビクビクと痙攣《けいれん》していた。

「んはぁ……はぁ……」

パンティーからは、じっとりと甘い蜜が漏れ出し、シーツにまで垂れている。

「はぁ……もういいでしょ」

まさかこれで終わりではないだろうと内心わかっているくせに、私は突き放すように言った。

「ねぇ、伊織ちゃんのおま×こ、ペロペロしたいよぅ」

私は覚悟を決めたように、目をつぶってうなずいた。

「んふぅ……やっぱり伊織ちゃんも興奮しちゃったんだねぇ」

田無は、クリトリスを舌でべっちょりと舐めはじめた。

「あッ……やッ……」

「ねぇねぇ、僕のおち×ちんも、こんなに大きくなっちゃった」

田無は、血管の浮き出たペニスをむき出しにした。

やはり、大きい……。

私は生唾を飲みこんだ。

「あっ、大丈夫だよぉ。ディルド、持ってきたんだぁ」

ディルドってなに？

私が疑問に思っていると、田無は自分のリュックから取り出した。

そのディルドは、田無のペニスとほぼ大きさが同じで、リモコンで動きを操作できるようになっていた。

「ぬふぅ。入れてみよっか」

「えっ。ま、待って」

有無を言わさず、田無はディルドを私の膣の中に入れてくる。私は膣が開かれる痛みと、中を擦られる快感に悶《もだ》えた。

「あぁッ……ダメぇッ……」

「ぜんぶ入っちゃったぁ。んふぅ」

田無はニタと笑い、ディルドのスイッチを入れる。

「んはぁッ……気持ちいぃ」

「僕のも、咥えてごらん」

田無は、私の顔の前にペニスを近づけてきた。私は田無のペニスにしゃぶりついた。

「んんッ……んぐッ……んくぅッ」

下も上も田無に犯され、私の興奮はどんどん高まっていく。

「んぐふぅッ……」

私はついに田無のペニスを咥えたまま、達してしまった。

「んぷはぁ……イッた……イったからぁ……早く抜いてぇ」

「もう、イッちゃったのぉ。いやらしい子だなぁ」

さっき、イッたばかりだというのに、私の子宮は田無のペニスを求めていた。

「はぁ、はぁ……入れてよ」

私は息を切らしながら、不機嫌そうに言う。田無は満足げにニンマリと笑うと、ペニスを膣の中にズブリと挿しこんだ。

「んあぁッ……」

入れた瞬間、私の愛液はあふれて、ぬちゅっと音を立てた。

「んはぁ……おま×こ、キツキツだねぇ」

田無はうっとりとした、いまにも蕩《とろ》けそうな顔で腰をゆっくり動かす。

ぱちゅ……ぱちゅ……ぱちゅ……。

「あッ……気持ちいぃ」

「んぐふぅッ……で、出るぅッ」

田無は私にしっかり種つけするように、私の腰をつかんだまま子宮の奥で果てた。

「んはぁッ……もう出ちゃった」

私より先に田無はイッてしまった。田無は満足げに、布団にあおむけに寝っ転がっている。少し不満を覚えつつ、私は時計をチラッと見やる。

時計は十四時を指していた。母が帰ってくるまで時間がある。

「はぁ、はぁ……もう一回しちゃおうか？」

「……うん」

私と田無は、ふたたび布団に倒れこんだ。

◉本書は、第二十四回サンスポ・性ノンフィクション大賞に入選し、サンケイスポーツ紙に掲載された手記を収録しています。左記は掲載順。文庫化にあたり、一部を改題しています。

「艶枕」特別賞（二〇二三年一月九日〜十五日）
「フニクリ・クラ」特別賞（二〇二三年一月二十三日〜二十九日）
「回春愛」銅賞（二〇二三年二月二十七日〜三月五日）
「頭ぽんぽんの日」佳作（二〇二三年三月六日〜十二日）
「SOSは無言で」金賞（二〇二三年三月二十七日〜四月二日）
「とまり木での誘惑」特別賞（二〇二三年四月二十四日〜三十日）
「これからどうなるの?」佳作（二〇二三年五月八日〜十三日）
「挟まれて、麩菓子」睦月賞（二〇二三年五月二十二日〜二十八日）
「ダビデ像と私」佳作（二〇二三年六月五日〜十一日）
「秘密の伝言A・S・A・P」佳作（二〇二三年六月十三日〜十八日）
「イトの無い糸」佳作（二〇二三年七月十五日〜三十日）
「母の男」佳作（二〇二三年八月二十八日〜二十日）

◉新人作品**大募集**◉

マドンナメイト編集部では、意欲あふれる新人作品を常時募集しております。採用された作品は、本人通知のうえ当文庫より出版されることになります。

【応募要項】未発表作品に限る。四〇〇字詰原稿用紙換算で三〇〇枚以上四〇〇枚以内。必ず梗概をお書き添えのうえ、名前・住所・電話番号を明記してお送り下さい。なお、採否にかかわらず原稿は返却いたしません。また、電話でのお問い合せはご遠慮下さい。

【送付先】〒一〇一-八四〇五 東京都千代田区神田三崎町二-一八-一一マドンナ社編集部 新人作品募集係

私《わたし》の性体験手記《せいたいけんしゅき》 回春愛《かいしゅんあい》

二〇二四年 五月 十日 初版発行

編者◉サンケイスポーツ文化報道部【さんけいすぽーつぶんかほうどうぶ】

発行◉マドンナ社
発売◉二見書房
東京都千代田区神田三崎町二-一八-一一
電話 〇三-三五一五-二三一一(代表)
郵便振替 〇〇一七〇-四-二六三九

印刷◉株式会社堀内印刷所 製本◉株式会社村上製本所 落丁・乱丁本はお取替えいたします。定価は、カバーに表示してあります。

ISBN978-4-576-24026-8 ◉Printed in Japan ◉©マドンナ社

Madonna Mate